पतिया

[उपन्यास]

पतिया

केदारनाथ अग्रवाल

राजकमल प्रकाशन
नयी दिल्ली पटना इलाहाबाद कोलकाता

ISBN : 978-81-267-2523-6

मूल्य : ₹ 250

पहला संस्करण : 2014

प्रकाशक : राजकमल प्रकाशन प्रा.लि.
1-बी, नेताजी सुभाष मार्ग, दरियागंज
नई दिल्ली-110 002

शाखाएँ : अशोक राजपथ, साइंस कॉलेज के सामने, पटना-800 006
पहली मंजिल, दरबारी बिल्डिंग, महात्मा गांधी मार्ग, इलाहाबाद-211 001
36 ए, शेक्सपियर सरणी, कोलकाता-700 017

वेबसाइट : www.rajkamalprakashan.com
ई-मेल : info@rajkamalprakashan.com

आवरण : डॉ. लाल रत्नाकर

मुद्रक : बी.के. ऑफसेट
नवीन शाहदरा, दिल्ली-110 032

PATIYA
Novel by Kedarnath Agarwal

स्वर्गीय श्री नरोत्तम नागर
की
स्मृति में

1

पतिया का ब्याह बहुत छोटी आयु में ही हो गया था। उसे कुछ याद नहीं पड़ता कि उसकी शादी कब हुई थी। वह पांच सात साल पहले तक की बातें अपने छोटे से दिल के अंदर टटोल टटोल कर किसी प्रकार पहचान लेती थी। पर कभी 'दुलहिन' बनने की बात का पता नहीं पाती। हां, लोगों के कहने सुनने, अपना घर छोड़ कर पराये घर में रहने, हाथ में कांच की, जरा से ठसके से टूट जाने वाली, कमजोर चूड़ियां पहनने, मुंह को मोटी धोती के घूंघट में छिपा रखने, माथे पर मोम की टिकुली लगाने, मांग में सिंदूर की रेखा खींचने, और इसी तरह की अन्य बहुत सी बातों की वजह से पतिया को इसका पता चलता–कि वह पछौहां गांव की लड़की कमासिन गांव की बहू है।

उमर बारह तेरह वर्ष से ज्यादा न होगी। शरम लिहाज की फिकर न थी। ससुराल के घर में भी उसका सिर खुल खुल जाया करता और उसकी बड़ी बड़ी आंखें आश्चर्य से चारों ओर घूरने लगतीं। लड़कपन अभी तक नहीं गया। नैहर की सुध और वहां खुले आसमान के नीचे, आपा भूलकर घूमना, लड़कों के साथ धमाचौकड़ी मचाना और नाराज होने पर उन्हें चपतियाना, उसे हर घड़ी तड़पाया करता।

यौवन–इसने पतिया को नहीं छुआ! उसका शरीर अरहर के पेड़ सा दिखता–दुबला पतला, साधारण सा, सुंदरता के नाम पर सूना। रस भरे

पौंडेवाली बात उसमें नहीं थी। अंगों में उभार का पता नहीं चलता। लगता, जैसे सावन के बादल इधर देर से आवेंगे।

इस समय वह ससुराल से भागकर नैहर जा रही थी। दोनों जगहों में दो कोस का अंतर था। सीधी सड़क उसने नहीं पकड़ी। लोगों की आंख बचाकर, चिलबिला-सी, खेतों खड्ढों और ऊबड़ खाबड़ पगडंडियों को पार करती, दौड़ती, गिरती फांदती, बढ़ी जा रही थी। कुछ दूर चली जाती, तब फिर जल्दी से गरदन मोड़कर, दूर तक देखने वाली अपनी आंखों से, पीछे की ओर देख लेती। किसी को आता न देख निरापद घर पहुंचने की आशा बलवती हो उठती। उसकी मैली सी लट्ठे की धोती बस में न आती, उसकी देह से खिसककर इधर उधर हो जाती। कभी सिर बिल्कुल खुल जाता। उसके उलझे बाल मैदान की हलकी हवा में संसार को नापने लगते, और फिर अपने ही में उलझकर रह जाते। कभी धोती का पल्ला खिसक कर झरबेरियों के कांटों से छिद जाता। वह रुक जाती। छुड़ाकर फिर आगे बढ़ती।

अचानक माथे पर हाथ गया। कुछ सूना सूना सा लगा। देखा, टिकुली नहीं है। उतावली में कहीं गिर पड़ी होगी। कुछ भी अफसोस या शंका नहीं हुई। कभी चूड़ियां खनक उठतीं। भयभीत हो उन्हें बार बार हाथों के ऊपरी हिस्से पर चढ़ा लेती। कोई इधर उधर खेतों में कहीं बैठा उसे ताक तो नहीं रहा? मेड़ों पर चढ़, क्षण भर के लिए इधर उधर, चारों तरफ देखा। फिर आगे चल दी। जरा भी तो दुःख नहीं था उसे। ज्यों ज्यों आगे कदम पड़ते, उसकी खुशी छलकती आती। ठोकर खाकर दो तीन जगह गिर भी पड़ी। चूड़ियां टूटीं। सिर्फ एक हाथ में एक रह गई। दूसरा हाथ सूना हो गया। लेकिन रुकी नहीं। हाथों को मलती केवल चलती ही गई। दूर खड़े पेड़-इमली के, पीपल के, और नीम बबूल के-जैसे उसका रास्ता रोकने के लिए सड़क के बीचोंबीच अड़कर खड़े हो जाते, फिर उसे निकट आता देख, खिसककर जल्दी से एक किनारे हो जाते, और वह आगे बढ़ जाती।

शाम का समय। पश्चिम में दिन ढल रहा था। सुनहला रंग छाया था। पैर के पास की मिट्टी, आसपास के पेड़ और आसमान, सब सुंदर रंगीन हो गए थे। लौटते हुए पक्षी भी चोला बदले दिखते थे। पतिया भी पश्चिम की लाली में रंग गई। मैली धोती का रंग निखरकर सुनहला हो गया। हृदय में चम्पई प्रकाश उतर आया। आंखों में जगमगाहट जग गई। ओठों और

कपोलों पर तो जैसे लाल गुलाब की कलियां प्रतिबिम्बित हो रही थीं।

पतिया का हृदय–मानो अंधेरे में दीया जल उठा हो। ससुराल के चित्र अनायास ही आंखों के सामने घूम गए। टूटा सा कच्चा घर, कुआं, गोबर कंडों का ढेर, और दो चार बकरियां। इन सबको वह मिटा देना चाहती थी। वह वहां नहीं जाना चाहती। उसे अपनी ससुराल से नफरत थी। पति का नहीं, जैसे दैत्य का घर था वह। वहां नहीं रहेगी वह। मायके में ही रहेगी। मायका बहुत प्यारा है। यहां सब कुछ अपना ही अपना–पराया कुछ भी नहीं। मायका की खुली हवा में आंखें तैरतीं, हृदय हुमकता।

पछौहां के जाने पहचाने पेड़ और खेत मिलने लगे। गहरी मुहब्बत जाग उठी। पतिया अब बेफिकर हो गई। भूल गई अपने तन और मन को। इन्हें देखते ही चैन मिला। सुस्ती भग गई। हृदय प्रसन्न होकर आंखों और कपोलों पर नाचने लगा। पीछे गरदन फेरकर देखा। ससुराल का चिह्न तक नहीं दिखाई दिया। पंजों के बल खड़ी होकर देखा–कुछ भी तो नहीं दिखाई देता। खुश हो गई। दोनों हाथ सीने के पास आकर मिल गए। हंसी बरस पड़ी।

अलसाती चाल से वह घर की तरफ बढ़ी। लोग क्या कहेंगे? कहें जो उनके जी में आए। वह पछौंहां की है, पछौहां आई है। वह कमासिन में नहीं रहना चाहती। कोई जबरदस्ती उसे वहां नहीं रख सकता। इतने दिन वह वहां रह ली, यही कौन कम है। मां उसे देख कर फूली न समायेगी। पिता, भाई, बहन–सब के सब उसे गले लगाकर खूब खुश होंगे। मां ने कहा था, जल्दी बुला लेंगी। देखते ही मां की सारी परेशानी हल हो जाएगी। घर पहुंचते ही घर का कोना कोना झांकेगी। झाड़ू लेकर सारा कूड़ा करकट–उसकी गैरहाजिरी में न जाने कितना जमा हो गया होगा–निकाल कर बाहर घूरे पर फेंक देगी। पानी भरने के कच्चे घड़े सिर और कमर पर रख कुएं पर जाएगी और गांव की औरतों को अचरज में डाल देगी। उनसे कहेगी : "देखो, मैं आ गई। तुम कहती थीं, ससुराल जाकर मैं मायके को भूल जाऊंगी। लेकिन पतिया ऐसी नहीं है। उसे तुमने जरा भी नहीं समझा...!"

आसमान की स्याही अभी गाढ़ी नहीं हुई थी। सोने का उजाला जरूर मिट चला था, पर अभी इधर उधर दिखाई दे रहा था। विदा होने से पूर्व, पतिया का गृह प्रवेश देखने के लिए, जैसे वह भी ठिठककर खड़ा रह गया था!

2

घर में मिट्‌टी के तेल की ढिबरी जल रही थी। काले आले में लौ स्थिर भाव से प्रकाश दे रही थी। रोशनी हर चीज पर पूरी तरह से नहीं, बल्कि अपने साथ कुछ अंधेरा लिए पड़ रही थी। ऐसा नहीं कि कोई अनजान आदमी एकाएक भीतर आकर चीजों को तुरंत पहचान ले। रोज आने जानेवाला प्राणी ही, बिना ठोकर खाये, घर में पांव रख सकता था।

"ओ मां...!" कह पतिया भीतर घुसी।

बाप मचिया पर बैठा आंगन में हुक्का गुड़गुड़ा रहा था। चौंककर बोल उठा : "पतिया बेटी, तू कैसे?"

भाई झिझरी खाट पर पड़ा था। वह भी उठकर बैठ गया। अचरज में कह उठा : "अरे, तू आ गई!"

मां भी चूल्हे पर रोटी पकाते पकाते बोली : "अरे, पतिया आ गई!"

"आ गई मैं–तुम लोगों के पास आ गई–यह देखो, तुम्हारी पतिया आ गई!"

"पतिया आ गई!" मां ने कहा, और तवे को जलता छोड़ बाहर आंगन में निकल आई।

बाप ने पूछा : "अरे बिटिया, तू कैसे आई?"

भाई ने पूछा : "अकेले ही चली आई क्या?"

इन सब सवालों का जवाब न दे पतिया मां के पास उससे सटकर खड़ी

हो गई। फिर बोली : ''मन मेरा, मैं चली आई। किसी के साथ नहीं, अपने आप अकेले चली आई हूं।''

''अरे, यह क्या हुआ बेटी?'' मां ने पतिया को सिर से पांव तक देखते हुए कहा–''न माथे पर टिकुली, न हाथ में चूड़ियां। यह तू कैसे आई है? देखते हो पूरन के बाप, कुछ समझ में नहीं आता! तू खड़ी क्या है, बैठकर सब हाल बता।''

चूल्हा अपनी जीभ लपलपाकर तवे को चाट रहा था। तवे पर पड़ी रोटी अपने भाग्य को कोस रही थी। पतिया ने एक बार घबराहट की नजर से अपनी मां की ओर देखा। फिर कहने लगी :

''मैं बड़ी मुश्किल से आई हूं। रोज तुम्हारे बुलाने की बाट जोहती थी। तुम तो मुझे भूल ही गईं। आखिर अपने आप चल दी। मैं तुम लोगों के बिना नहीं रह सकती। सच, मुझे बड़ी रुलाई आती थी। सोचती थी, यहां से कभी छुटकारा न पाऊंगी। मां, मैंने बड़ा अच्छा किया जो चली आई।''

कहते कहते उसने अपनी गीली आंखें पोंछ लीं।

''पागल कहीं की! भला, इस तरह कहीं भागा जाता है? ससुराल कोई दूसरा घर थोड़े ही है। बड़ी नासमझ है। अच्छा तो चल, रोटी खा ले। पूरन, तू भी खा ले।''

मां ने दोनों को परोस दिया। वह रोटी बेलती जाती थी और कहती जाती थी : ''पूरन, तेरा बहनोई जाने क्या सोचता होगा? घर भर परेशान होगा कि अचानक पतिया को कौन उठा ले गया। वे सोचते होंगे...''

''हां हां, बड़े आए सोचने वाले!'' मुंह गुस्से से लालकर पतिया ने कहा–''मेरी जान आफत में आ गई। इतने दिन वहां क्या रही, जैसे मौत के मुंह में रही। दिन रात बस अकेले पड़ी पड़ी सड़ा करती थी। यहां आकर मुंह खोलने की आजादी मिली है। अगर भाग न आती तो मां, तुम्हारी यह बिटिया मर जाती। तुम्हारा प्यार तुम्हारे पास ही धरा रह जाता। भैया, कल तुमसे अगर कोई कमासिन गांव का आकर पूछे तो कह देना, मैं यहां नहीं आई। सच, तुम कह देना, मैं मर गई। बापू, जरा एक रोटी और खा लूं, तब तुम्हारा हुक्का बहुत अच्छी तरह भरकर दूंगी। देखना, पीने में कैसा भला लगता है। मैं अभी कुछ भूल नहीं गई हूं!''

इतने में मां डिब्बी लेकर भीतर की कोठरी से कुछ चूड़ियां और

टिकुली का एक पत्ता ले आई। बोली : "ले, इसे पहन ले!"

बिना हुज्जत किये पतिया ने दोनों हाथों में चूड़ियां पहन लीं। मोम लगाकर एक टिकुली भी माथे पर चिपका ली।

मां ने फिर कहा : "अब कभी न उतारना ये सोहाग चिह्न, समझी!"

"ले, मेरा हुक्का तो भर ला!" बाप ने पतिया के हाथ में हुक्का थमाते हुए कहा।

दौड़कर पतिया तमाखू लेकर भरने लगी। लाल लाल चिनगारियां चिमटे से दबा दबाकर चिलम पर रख रही थी। एक दो हाथ से भी उठाकर रख दीं।

"लो बापू, हुक्का भर गया। पिओ।" उसने कहा।

खाना सब खा चुके थे। मां भर बाकी थी। उसने भी खाना शुरू किया। पूरन फिर अपनी खाट पर लेट गया। मां खाती जाती थी, और पतिया से बातें करती जाती थी। हुक्के का धुआं चिलम की आंच में उठता हुआ दिखता, फिर थोड़ी दूर उठकर खो जाता।

मां ने पतिया से पूछा : "तुझे कोई भागते देख लेता तो...?"

पतिया ने कहा : "तो मैं फिर कभी न आ पाती!"

"तुझे वहां कौन दुःख था?"

"मेरा अपना वहां कोई न था मां और..."

"पागल नहीं तो। वह घर तो तेरा अपना है। यह घर तेरा नहीं, तेरे भाई का है। अभी तू कुछ नहीं समझती, आगे चल कर समझेगी।"

"नहीं मां, यही मेरा घर है। वह घर तो पराया है। तुम्हारा कहना गलत है मां। तुम मुझे बहकाती हो। मैं सब समझती हूं।"

"सयानी है न जैसे–छोटी सी तो है, और पुरखिन की तरह बात करती है। समझ होती तो भला कमासिन से काहे को भागती?"

"मां, अगर मैं यह जानती कि तुम भी ऐसा कहोगी तो मैं यहां कभी न आती, वहीं किसी कुएं में डूब मरती। मुझे चोट लगती है। मां होकर तुम ऐसी बातें करती हो। मेरा यही घर है मां, वह नहीं।"

मां ने कुल्ला किया और दोनों मां बेटी एक खाट पर पड़कर फिर बातचीत करने लगीं। ढिबरी बुझ गई थी। रात के अंधियारे में केवल दोनों के दिल उजाला किये थे।

"हां बेटी, तेरा कहना ठीक है। जब मैं अपनी आंखें पीछे की ओर फेरकर बड़ी दूर तक ताकती हूं तो मुझे भी याद आती है कि एक दिन मैं भी तेरी ही तरह सोचती थी। अपना घर बड़ी मुश्किल से छूटता है। दूसरा घर बड़ी मुश्किल से अपना बनता है। पर आज मेरा यही घर है। मेरी सारी उमर यहीं बीती, और जितने दिन बाकी हैं, वह भी यहीं बीत जाएंगे। कुछ दिनों बाद तू भी सब समझ जाएगी।"

यह कह मां ने पतिया को अपने गले से लगा लिया, और हलकी हलकी थपकी देते हुए चुप हो गई। अपने पराये का सब भेद मां की थपकियों ने भुला दिया। पतिया चुपचाप पड़ी रही। न हिली, न डुली। उसे इसका भी पता नहीं चला कि इसी अवस्था में पड़े पड़े उसे कब नींद आ गई।

पतिया सो गई। मां अभी भी जाग रही थी। उसकी आंखों में नींद नहीं थी।

3

दूसरे दिन सबेरा होते ही पतिया मिट्टी के घड़े सिर पर रख पानी भरने कुएं की ओर चली। रास्ते में दो एक सहेलियों के घर पड़ते थे। उन्हें भी बुला लिया और बातचीत करतीं सब एक साथ कुएं पर पहुंचीं। चारों घाटों पर गांव की औरतें पानी खींच रही थीं। घड़े जगत पर रख तीनों सहेलियां बात करने बैठ गईं। कुएं के खम्भे की छाया उन्हें धूप से बचाये थी।

एक सहेली ने पतिया की मैली धोती की ओर इशारा करते हुए ता॰। कसा :

"क्या ससुराल से यही लायी है? अरे, आज पहले दिन तो नयी नयी अच्छी सी धोती पहनकर आती!"

दूसरी ने कचोटा : "धोती न सही, चूड़ियां तो अच्छी अच्छी चमकदार पहनकर आई है।"

पतिया बोली : "अरे नहीं, मैं तो ससुराल से भागकर आई हूं। धोती जरूर वहां की है, पर ये चूड़ियां तो कल रात मां ने पहनायी हैं।"

आश्चर्य से दोनों सहेलियां पूछ बैठीं : "अरे, तो क्या तेरी सास ने तुझे चूड़ियां भी नहीं पहनाकर भेजा। राम राम, यह बड़ा असगुन किया!"

"अरे नहीं, उन्होंने तो पहना रखा था। रास्ते में टूट गईं। बस, एक हाथ में एक ही रह गई!" समझाते हुए पतिया ने कहा।

''ऐसा क्या पेड़ों पर चढ़ती कूदती आई है? अरी वाह री पतिया, एक महीने में ही इतनी चंट हो गई!'' इतराकर एक ने चुटकी ली।

दूसरी कह बैठी : ''नहीं नहीं, भूडोल आ गया था और यह जमीन में धंस गई थी। बड़ी मुश्किल से इसकी जान बची है। वह तो कहो कि पेड़ की जड़ पकड़ कर निकल आई, नहीं तो वहीं की वहीं गड़ी रह जाती। चूड़ियां तो रगड़ से टूट गईं!''

''तुम सब अपने ही मन की हांके जाती हो, कुछ मेरी भी तो सुनो...!''

''हां हां, कहो न!'' दोनों सहेलियों ने एक स्वर में पूछा।

''रास्ते में मैं गिर पड़ी, चूड़ियां टूट गईं।'' कहकर पतिया मुस्करा दी। दोनों सहेलियां भी खिलखिलाकर हंस पड़ीं। फिर एक दूसरे की ओर मतलब भरी निगाहों से देखने लगीं।

''एक बात पूछूं, अगर तू बताने को कहे...?'' पहली ने पतिया से कहा।

''जरूर जरूर!'' दूसरी बोल उठी।

''नहीं, मैं ऐसे नहीं पूछती। पतिया कहे तो पूछूं।'' पतिया की ओर आंख नचाते हुए पहली ने कहा।

''ऐसी कौन सी बात पूछेगी? कुछ कह भी तो!'' पतिया ने जवाब दिया।

''कहीं उन्होंने ही तो नहीं झोंटा पकड़ कर तुझे घर से बाहर निकाल दिया!'' दबे स्वर में सबसे बड़ी सहेली ने कोंचा।

''जरूर यही बात है। तभी तो यह लूटी खसोटी सी दिखाई पड़ रही है!'' दूसरी बोली।

''मेरी समझ में कुछ नहीं आता कि तुम दोनों क्या कह रही हो? आओ, पानी भरें। घाट खाली है।'' पतिया ने पीछा छुड़ाते हुए कहा।

बड़ी सहेली ने रस्सी गरारी में डाल दी। बीचवाली ने घड़े का गला रस्सी के फंदे में फंसाकर कुएं में लटका दिया। घर्र घर्र गरारी की आवाज होने लगी। बड़ी सहेली एक तरफ हुई; और दो एक तरफ। पानी खींचने लगीं।

पतिया को बहुत दिन बाद सखी सहेलियों के साथ पानी खींचने का अवसर मिला था। ससुराल में अकेले खींचना पड़ता था। कभी कभी सास के

साथ भी, पर वहां सखियां न थीं।

तीनों सिर और कमर पर अपने अपने घड़े टिका घर की ओर चल दीं। बातें होने लगीं। बड़ी ने पूछा : "तेरे घर में वहां कितने आदमी हैं?"

"चार जने हैं। एक सास, उनके दो लड़के, और एक ननद।"

"सब कमाते हैं?" मंझली ने पूछा।

"मेरे जेठ तो जरूर दो घरों में पानी भरने जाते हैं। लेकिन 'उनके' बारे में कुछ नहीं जानती। वे घर में नहीं रहते। चाहे काम करते हों, चाहे न करते हों। सास मेरी बड़ी शौकीन हैं। ननद भी वैसी ही है। वह कभी ससुराल नहीं जाती, वहीं रहती है। जब जी में आया, काम में जेठ का कुछ हाथ बंटा दिया, नहीं तो साज सिंगार में ही जुटी रहती है।"

"और तू क्या किया करती है? तू भी अपने 'उनके' साथ कहीं काम करने जाती है, या अपनी सास ननद की तरह..?"

"मैं तो घर में ही पिसा करती हूं। सबेरे से ही आटा पीसना, झाड़ना बटोरना, फिर चौका बरतन। सास ननद मुझे दिन भर फिरकी की तरह नचाती हैं। उनकी धोती पछाड़ना तक मेरे ही जिम्मे रहता है।"

"तभी तो तेरी ऐसी शकल निकल आई है। देखो न, कितनी दुबली हो गई है!" मंझली ने कहा।

"तू कभी अपने उनसे भी बातें करती थी?" कनखियों से देखते हुए बड़ी ने पूछा।

"मैं किसी की बातों में नहीं फंसती थी। जहां फंसी कि झिड़कियां पड़ने लगीं। मैं तो बस, चुपचाप, अपना काम करती रहती थी। इसके अलावा..."

"क्यों झूठ बोलती है? कभी न कभी तो!" ताज्जुब से मंझली ने पूछा।

"सच कहती हूं। तूने मेरी पूरी बात तो सुनी ही नहीं। वह खाना खाने घर में आते, और फिर बाहर चले जाते। दिन रात बस बाहर ही बाहर..."

"पतिया, तू अभी बहुत नासमझ है। तुझसे कोई क्या बात करे? देख तो मंझली को। दिन रात अपने उनके ही राग अलापा करती है।" बड़ी ने

तरंग में आकर कहा।

मंझली झेंप गई, और बड़ी ने अपनी झेंप को हंसी में उड़ा दिया। कुछ देर बाद बड़ी का घर आ गया। वह बीच में ही छूट गई। मंझली और पतिया दोनों बातें करतीं कोलिया से आगे बढ़ीं।

"तूने अभी न सुना होगा कि बड़ी का पति नौकर हो गया है। चिट्ठी आई है, चिट्ठी। परसों बड़ी की मां कह रही थी कि हमारे लाला (दामाद) बबेरू की तहसील में चपरासी हो गए हैं। तहसीलदार साहब के साथ रहते हैं।" मंझली ने कहा।

"तहसीलदार साहब तो बहुत बड़े आदमी होते हैं। बड़ी के तो भाग खुल गए!" पतिया ने कहा।

"अब जल्दी से उसका पति उसे लिवा ले जाएगा। उसे यहां देहात में भला क्यों रखेगा? बबेरू बहुत बड़ा कस्बा है। वहां रोज बाजार लगता है। मोटर भी वहां चलती है।" लम्बी सांस छोड़ते हुए मंझली ने कहा।

"तूने कुएं पर ही यह सब क्यों नहीं बताया? मैं वहीं उससे मुंह मीठा करने के लिए कहती। वह अभी जल्दी तो जानेवाली नहीं है?" पतिया ने पूछा।

"अभी तक तो जाने की कोई चरचा नहीं छिड़ी है। हां, बड़ी के मन में जरूर बबेरू की उथल पुथल मची है।"

"क्या वह कुछ कहती थी?"

"नहीं, वह कहेगी क्या? पर उसे देखकर तो ऐसा जान पड़ता है, मानो वह बहुत खुश है। धरती पर उसके पांव ही नहीं पड़ते!"

"तेरे पति क्या करते हैं, मंझली? तूने और सब तो बता दिया, पर यह छिपा रखा, क्यों?"

"मेरे...अभी वह कुछ नहीं करते। कहते थे, शायद मदरसे में पढ़ाने की नौकरी मिल जाए।"

"तेरे सास ससुर कैसे हैं?"

"बड़े भले हैं। खूब मेहनत करते हैं। मुझे कभी दुःख नहीं देते। लेकिन तुम सबकी जब याद आती है तो कुछ अच्छा नहीं लगता। बहन, कोई किसी का करम नहीं बांट लेता। यों हम तीनों एक साथ की हैं, पर भाग सबके अलग अलग हैं।" कह मंझली चुप हो गई।

मंझली का घर आ गया। वह भी चली गई। पतिया अकेली रह गई। उसके हृदय में जाने कैसा क्या होने लगा। रह रहकर मंझली की बात उसके मन में उठ रही थी : "यों हम तीनों एक साथ की हैं, पर भाग हम सबके अलग अलग हैं!"

4

कमासिन आसपास के गांवों में सबसे बड़ा था। पहले यहां तहसील थी। अब टूट गई है। गांव में तीन तालाब हैं और एक मिडिल स्कूल है। दो पक्के मंदिर और एक पक्की मस्जिद है। आबादी घनी है। कई पक्के कुएं हैं। सबका पानी मीठा है। थाना है। अस्पताल में वैद्य नाड़ी देखते हैं। मवेशियों के बेड़ने का फाटक है। पहले बड़ा डाकखाना भी था। रोज डाक आती जाती थी। अब हफ्ते में तीन दिन आती है।

ब्राह्मण ठाकुरों की बस्ती काफी है। कई घर वैश्यों के भी हैं। एक महाजन का भी घर है। मौका पड़ने पर सब तरह का काम निकल जाता है। जमींदार पुराने ढंग के हैं। उन्हें तो बस अपना लगान चाहिए। गांव के ब्राह्मण ठाकुरों से उन्हें कोई खास मतलब नहीं। दूसरी जाति वालों पर उनका रोब है। अहीर चमार और नीच जाति के लोग उनके पांव चूमते हैं। दो तीन घर सुनार, बढ़ई और लोहार के भी हैं।

कपड़े की कई दुकानें हैं। अच्छा से अच्छा माल मिल जाता है। मिठाई उतनी अच्छी तो नहीं, पर खराब भी नहीं होती। ननका हलवाई की दुकान के पेड़े, बड़े पुरखों के जमाने से, बिना खोये के होते आए हैं। आज भी उनका वही हाल है। बरफी फिर भी अच्छी होती है। घी दूध सस्ता और बेमिलावट का होता है। रोज के काम की सभी फुटकर चीजें, किसी न किसी दुकान में मिल जाती हैं। डॉक्टर बर्मन की दवाएं तक बिकती हैं। बुखार और जूड़ी

उन्हें देख देखकर कांपते रहते हैं।

नाई एक तो बहुत अच्छा था, पर पता नहीं, तहसील के टूटते ही वह कहां गायब हो गया। न जाने उसका छुरा टूट गया, या वह अपना धंधा ही छोड़ बैठा। दूसरा नाई महाबीर है। वह भी एक ही है। पहले उसके उस्तरे में सान रहती थी, पर अब ज्यादातर गोठिल्ला रहता है। जब उसके कड़े हाथ गाल पर पड़ते हैं तो ऐसा लगता है मानो कोई पत्थर रगड़ रहा है, और जब उसका पुराना छुरा चलता है तब तो यही मालूम होता है मानो कोई मैदान की घास छील रहा है।

धोबी अच्छा है, पर अब अच्छी धुलाई न मिलने की वजह से कपड़े साफ नहीं धोता। आज पहनो तो तीसरे दिन उतने ही मैले हो जाते हैं, जितने मैले कि धुलने से पहले थे।

हर दशहरे पर रामलीला होती है। नाटक के परदे हैं। कभी कभी नाटक खेला भी जाता है। लोग घरों में ताले डालकर सारी रात नाटक देखते हैं। टस से मस नहीं होते।

पतिया की ससुराल थाने के पीछे है। एक कच्चा मकान है। उसमें छोटा सा आंगन है, तीन चार कोठरियां और छोटे छोटे दरवाजे हैं। खपरैल है। एक तरफ आंगन में तीन बकरियां बंधी हैं। उनकी मींगनी इधर उधर पड़ी रहती है। दरवाजे के सामने, खटिया पर, पतिया की सास सुपारी और तमाखू का फंका लिया करती है। पतिया की ननद इधर उधर पास पड़ोस में बिजली सी चमका करती है। शौकीन है। खाने पीने की हौस है। ससुराल उसकी देहात में है। वहां कमासिन सा सुख नहीं मिलता। इसी से यहीं रहती है। बड़ा लड़का दो एक घर में पानी भरने जाता है। पर पतिया का पति कुछ नहीं करता धरता। पतिया की सास का गांव के ठाकुर से कुछ लाग लगाव है। ठाकुर साहब की बदौलत घर धूल में मिलने से बचा है।

पतिया की ननद मोहिनी घर में झाड़ू लगा और कूंचे को एक कोने में फेंक जले हुए बरतन मांजने बैठी है। मैली सी चौड़े किनारे की धोती पहिने है। हाथ और पैरों में चांदी के गहने खनक रहे हैं। धोती का पल्ला सिर से उतरकर गरदन पर आ गया है। पीछे से एक बड़ा सा जूड़ा उठा दिखता है। जूड़ा गोल घेरे में बंधा है। सामने से देखने पर सिर में सेंदुर भरी चौड़ी सी मांग दिखती है। कानों में तरकियां, नाक में पीतल की फुल्ली और गले में

रंगीन कांच और मूंगे के दानों से बनी दुलरी पड़ी है। बड़ी बड़ी आंखों में काजल खिंचा है। दाहिनी ओर गाल पर एक तिल है। चेहरे पर तेल की चिकनाहट जवानी को चमका रही है। कोई कुरती या सलूका नहीं पहने है। मांजते वक्त, उसके दोनों उरोज, छलक पड़ते हैं। रंग ज्यादा गोरा नहीं, पर सांवले से कुछ निखरा हुआ है। हाथ में जूना है, और बरतन मांजते मांजते बुरी तरह खीझ उठी है : "अम्मा, भौजी को गए एक महीना हो गया। अब तो भैया को भेजकर बुला लो। मेरे तो हाथ घिसे जाते हैं। मुझसे यह सब नहीं होता!"

मां ने सुपारी और तमाखू की पीक थूकते हुए कहा : "बिटिया, तू तो जैसे नाजुक परी बन गई है। ऐसे बरतन ही कौन ज्यादा हैं!"

मोहिनी मुंह उठाकर तमतमाते स्वर में बोली : "थोड़े हैं या बहुत, मैं यह कुछ नहीं जानती। अपनी भौजी को बुलाओ। जिसका काम, उसी को साजे! मुझसे यह सब नहीं होता!"

मोहिनी खड़ी हो गई। बरतनों को उठाकर एक साथ बालटी में डुबो दिया। फिर झुके झुके, उन्हें धो धोकर, एक तरफ पटकने लगी।

"मेरा ठेंगा बुलावे उसे। जैसे गई है, वैसे ही आ जावेगी। मैं उसकी लौंडी थोड़े ही हूं। मरने दे चुड़ैल को!" गुस्से में आकर मां ने कहा।

"तो मैं भी अब बरतन न मांजूंगी, चाहे जो हो!" गिरते पड़ते बरतनों को उठाकर भीतर ले जाते हुए मोहिनी ने कहा।

"तुझे करना हो कर, न करना हो न कर। मुझे इसकी परवाह नहीं है। आता होगा तेरा भाई। उसी से यह सब कहना!" सरौता चलाते हुए मां ने कहा।

कुछ देर बाद एक दूसरे के आगे पीछे, नरायन और स्वामीदीन, आ गए। घर के भीतर पांव रखते ही मां ने हाथ नचाकर कहा : "सुनते हो, दिन भर दोनों छैलचिकनिया बने, मटरगश्ती किया करते हो। घर का तो जैसे कुछ ख्याल ही नहीं है। लो, अपना घर संभालो। मुझसे अब यह सहन नहीं होता। मोहिनी काम करते करते मरी जाती है, और तुम लोगों के मुंह से आह तक नहीं निकलती। मेरी लड़की क्या घूरे में पैदा हुई है। तुम्हें जो कुछ सूझ पड़े, करो। आज से वह हरगिज काम नहीं करेगी।"

दोनों भाई असमय की इस गरज का कारण जल्दी न समझ सके, पर

मां के स्वभाव से दोनों परिचित थे। अधिक परेशान न हो दोनों ऐसे बने रहे मानो अगले क्षण ही यह सारा तूफान अपने आप शांत हो जाएगा।

नरायन स्वामी से बोला : "स्वामी, यह बहुत बुरी बात है। देखो, अब मुझसे यह हाल नहीं देखा जाता।"

"तुम बिल्कुल ठीक कहते हो। थोड़े दिनों को बहन आई, और तिस पर भी उसे पीसना पड़ता है। देखो न..."

यह कह स्वामी मां के मुंह की ओर देखने लगा।

मां से रहा न गया। आंखों में आंसू भरकर वह सबको कोसने लगी। बीच बीच में गांव के ठाकुर रामदीन सिंह का यशगान भी करती जाती थी : "तुम सब एक से हो। वह तो मरकर छुट्टी पा गए। परलोक में सुख से बैठे होंगे। मुझे अकेली छोड़ मेरी जान आफत में कर गए। यह न सोचा कि बिन पतवार के नैया कैसे किनारे लगेगी? बिटिया की ओर तनिक भी ध्यान नहीं दिया। अरे, यह तो कहो कि ठाकुर रामदीन ने मेरी लाज रख ली। नहीं तो मैं तुम सबको यहीं छोड़ एक दिन कहीं जाकर डूब मरती!"

स्वामी और नरायन, मां को झींकता छोड़, चुपचाप घर से बाहर खिसक गए।

5

कमासिन तालाब के भीटे पर नीम का एक पेड़ है। स्वामीदीन लग्घी में हंसिया लगाये अपनी बकरियों के लिए हरी हरी पत्तियां तोड़ रहा है। जमीन पर पत्तियों का ढेर लग गया है, पर अभी कुछ कमी है, इसी से पत्तियां तोड़ने का काम जारी है।

दोपहर का वक्त है। इधर उधर सन्नाटा छाया है। तालाब के उत्तरी किनारे पर कुछ औरतें और आदमी सीढ़ियों पर नहा रहे हैं और जल भर भरकर कमासिन देवी के ऊपर चढ़ा रहे हैं। पीपल का घंटा ठन्न ठन्न कर धरती और आसमान का माथा ठनका रहा है।

तालाब का पानी बिल्कुल सोया है। एक भी लहर उसमें नहीं उठ रही है। न किसी मछली के उछलने का ही स्वर सुनाई देता है। मिट्टी के टूटे घड़ों की खपड़ी फेंककर बच्चे भी इस समय छुलछुलिया नहीं छुड़ा रहे हैं। सूरज की धूप पानी में प्रकाश भर रही है।

भीटे से नीचे उतरकर बबेरू जानेवाली सड़क है। इससे दक्खिन चल कर खेत है और कुछ दूर पर अस्पताल दिखता है। सब तरफ सूना है।

"बस, अब हो गया!" लग्घा जमीन पर रखकर स्वामी ने पत्तियां समेट लीं। फिर पत्तियों को कंधे पर रख, लग्घे को हाथ में ले, घर की तरफ चल पड़ा।

उसके मन में तरह तरह की बातें उठने लगीं। मखमली पाड़ की धोती,

मलमल का कुरता, तेल में डूबे काले बाल, कंधे पर हरी पत्तियां और हाथ में लग्घी, सब मिलकर जैसे एकाकार हो गए थे। बकरियों का पेट भरने से ही उसे फुरसत नहीं मिलती। उसके हाथ क्या इसलिए हैं कि बांस को थामे कल्लाया करें? मां भी क्या है। उससे इतना नहीं होता कि पत्तियां ही तोड़ लाया करे। उसे तो अपने पान तमाखू से फुरसत नहीं मिलती। उसे बकरियों की क्या परवाह। पीने के लिए उसे कटोरा भर दूध मिल जाया करे, बस। रह गई मोहिनी, उसे मां ने और भी सिर पर चढ़ा रखा है। अगर वह वैसे ही सब काम कर लिया करे जैसे औरों की लड़कियां करती हैं तो यह आफत न रहे। ऐसी कामचोरी भी किस काम की। चारों तरफ बुलबुल सी नाचा करती है। ससुराल में खूब दुतकारी जाती होगी। तभी जान बचाकर भाग आई है। यहां कहे कौन, मां की दुलारी है। ठीक मां की नकल ही समझो और पतिया–वह भी तो भाग गई। यह न सोचा कि यहां की देखभाल कौन करेगा? सभी तो लाटसाहब हैं...!

चलते चलते स्वामी एकाएक रुक गया। मखमली पाड़ की धोती कांटों में उलझ गई थी। उसे ऐसा प्रतीत हुआ जैसे उसका मस्तिष्क कांटों में उलझ गया हो। वह झुंझला उठा। फिर धोती को छुड़ाकर आगे बढ़ा। अहीरों के टोले को पारकर अपने घर की तरफ मुड़ गया। मुंह पत्तियों के पीछे छिपा था, पर रास्ता साफ दिखाई पड़ रहा था। ठोकर खाने का अब कोई डर नहीं था।

तभी एक गांववाले ने जैसे रास्ता छेककर आश्चर्य से पूछा : "अरे स्वामी भैया, यह क्या? तुम और यह काम–तुम्हें भला यह क्या सूझा?"

स्वामी ने एक भारी सांस छोड़ी और बात टालने के लिए बेमन से उत्तर दिया : "मैं ही हूं। पत्तियां लेने गया था।"

दूसरा पड़ोसी चौपाल पर से बोल उठा : "थक गए होगे स्वामी। यार, तुमने भी हद कर दी। मारो बकरियों को उधर। राम राम, तुम भला यह सब क्यों करते हो?"

तीसरा आदमी सामने से, मानो धरती फाड़कर, प्रकट हुआ। राम राम करके बोला : "जरा ठहरो! लाओ, मैं तुम्हारा बोझा रख आऊं। मुझसे यह न देखा जाएगा।"

स्वामी ने कोई जवाब नहीं दिया। घर पहुंचकर नीम की पत्तियों का बोझ उसने एक ओर पटक दिया। फिर एक बकरी का कान पकड़ उसे

अपनी ओर खींचते हुए बोला : ''ले, खा ले। अगर अब भी भूख न मिटे तो यह ले, मैं तेरे ही पास बैठा हूं। मुझे भी चबा डाल। इस नरक से तो छुटकारा मिल जाएगा। लम्बे लम्बे कानों से सुनती है कि नहीं, तुझी से कहता हूं। में में–में में करती है, और बड़ा प्यार जताती है। ऐसा प्यार किस काम का। बस चले तो आज ही, नहीं नहीं अभी, कान पकड़कर तुझे इस घर से बाहर कर दूं!''

मोहिनी ओट में छिपकर खड़ी स्वामी का बड़बड़ाना सुन मन ही मन कुड़मुड़ा और कसमसा रही थी। जब नहीं रहा गया तो जल्दी से मां के पास पहुंच उसका हाथ खींचकर घसीटते हुए बोली : ''अम्मा, आज भैया बेचारी बकरियों पर बहुत गुस्सा कर रहे हैं। बकरियों से कह रहे हैं–कान पकड़कर घर से बाहर निकाल दूंगा। जरा चलकर देखो न?''

मोहिनी और उसकी मां एक ओर खड़े होकर स्वामी की बातें सुनने लगीं। कान पकड़कर घर से निकालने की बात का जोर अब समाप्त हो गया था। वह अब कह रहा था : ''मैंने गलती की और बेहद गलती की। कान पकड़कर इन्हें भला कौन निकाल सकता है। इनके लिए यह जरूरी है कि ये यहां बंधी बंधी खाया करें, और मींगनों के ढेर लगाया करें!''

मोहिनी के दिल में चुटकी लेने की उकसाहट हो रही थी। तभी मां ने मोहिनी से कहा : ''बिटिया, लग्घा उठाकर खपरे पर रख दे। बीच में पड़ा है। किसी के पैर में हंसिया न लग जाए।''

''पैर में क्या लगेगा, वह तो गले में लग चुका है। मेरे गले पर तो यह फिर ही चुका है। अब इसे क्या रखवाती हो!''

स्वामी की इस बात पर मोहिनी और मां दोनों हंस पड़ीं।

''हंसती हो?...खूब हंस लो...घर में हंसी...बाहर हंसी...मुझे कहीं चैन नहीं...मन होता है सब को–नहीं, अपने-आपको चटनी की तरह पीस डालूं!''

''भैया ने अच्छी याद दिलायी, मां! आज आंवले की चटनी बनाऊंगी। खूब स्वाद आवेगा। सब जने खायेंगे।'' मोहिनी ने कहा।

''जरूर बनाना। भैया से कह, आंवलों में डालने के लिए कुछ नमक मिर्च तो ले आए!''

''भैया, तुम तो बोलते ही नहीं?''

"मेरा चुप रहना ही ठीक है। दुनिया बोले, तुम बोलो, मैं कुछ नहीं बोलूंगा–नहीं, मैं कुछ नहीं बोलूंगा! मेरा जब यहां कोई नहीं है..."

स्वामी का यह रूप देख मां कुछ सहम गई। कुछ देर रुककर धीरे से बोली : "आज तुझे हो क्या गया है जो..."

मोहिनी ने भी अपनी मां के स्वर में स्वर मिलाकर कहा : "ऐसा न कहो, भैया! तुम भी क्या आदमी हो?"

"मैं...मैं...तुम ठीक कहती हो, मैं आदमी नहीं हूं। मैं तो जानवर हूं, जानवर! मुझे भी पकड़ कर खूंटे से बांध दो और नीम की पत्तियां खाने को डाल दिया करना। खींच खींचकर मेरे कान भी लम्बे कर देना। यह सब कपड़े लत्ते उतार लेना। मैं भी बकरियों की तरह...!"

मोहिनी की मां से अब नहीं रहा गया। तमककर बोली : "बहुत मुंह चढ़ गया है। दुनिया भर का गुस्सा उतारने के लिए एक हम ही रह गई हैं। यह भी कोई बात है–हम तो मीठे मुंह बोलती हूं; और तुम काटने को दौड़ते हो।"

"तुम्हारा लड़का हूं न, इसी से मुंहचढ़ा हूं। तुम्हें न छेड़ूं तो किसे छेड़ूं। मुझे गैर कोंचते हैं, मैं तुम्हें कोंचता हूं। तुमने मुझे पैदा क्यों किया? तुम्हीं सारी कड़वाहट की जड़ हो। न तुम होती, न मैं होता...!"

"हां, न मैं होती, न तू होता! नालायक कहीं का! यही सुनना बाकी रहा था सो तूने आज यह भी कह डाला। न जाने कहां का कुपूत मेरी कोख में आया। अपने करम को रो जो तुझे यहां घसीट लाया। मैंने तुझे इस दुनिया में थोड़े ही बुलाया था। बोलता क्यों नहीं, क्या तू मुझसे पूछकर यहां आया था? पैदा होते हैं अपने आप, और दोख देते हैं अपने मां बाप को!" मां ने जल–भुनकर कहा।

स्वामी कुछ कहने जा रहा था, पर बात ओठों तक आकर रह गई। मां की आंखों की ओर देख, वह सहमकर खड़ा रह गया।

"देखता है कि नहीं," मां ने लाल लाल आंखें निकाल कर कहा– "अब तेरा इस घर में गुजारा नहीं है। जा, जहां तुझे जाना हो। मैं किसी की बात नहीं सह सकती। मैं तेरी लौंडी नहीं हूं कि तू मुझे गाली दे और मैं चुपचाप पी जाऊं, कुछ कहूं नहीं। तूने मुझे आखिर समझ क्या रखा है?"

मोहिनी चुपचाप खड़ी थी। एकाएक वह समझ नहीं सकी कि आज

स्वामी और मां क्यों पगला गए हैं? मां बेटे की जहर में डूबी बातें सुन कर वह स्तब्ध रह गई। उसकी जवानी का चंचल आंचल पतझड़ के पत्ते सा निष्कम्प हो गया। सबसे अधिक उलझन हो रही थी उसे स्वामी को लेकर। जिस मां के पेट से उसने जन्म लिया, उसी पर कैसे विष में बुझे बान वह छोड़ रहा था। बेटा ही जब अपनी मां का नहीं होता तो फिर और कौन...!

मोहिनी इससे आगे कुछ और सोचने का साहस न कर सकी। उसने अपनी आंखें मूंद लीं और भीतर जाकर पड़ रही।

6

जमुना नदी के किनारे लखनपुर गांव में सिंहवाहिनी देवी का मेला हर साल लगता है। दस पांच कोस के इर्दगिर्द के गांव के लोग इस मेले में आते हैं; दो तीन दिन तक ठहरते हैं और सौदा पाती लेकर, गठरी सिर पर धरे, पैदल या बैलगाड़ी में, अपने अपने घर वापस चले जाते हैं। मेले में कपड़े, गहने और बिसातखाने की दुकानों की भरमार रहती है। बरतन, मिठाई, चूड़ियों वगैरह की दुकानें भी खूब सजती हैं। बिक्री भी खूब होती है।

मेला जमुना के कगार के ऊपर लगता है। पेड़ों की छाया काफी रहती है। पानी की तकलीफ नहीं होती। सिंहवाहिनी देवी का मंदिर बहुत अच्छा नहीं बना है–किसी कुशल कारीगर ने इसका निर्माण नहीं किया है। इधर उधर के राजगीरों ने ईंट चूना के मेल से इसे बना लिया है। देवी की शक्ति उपासकों को खींच ही लाती है। किसी प्रकार की बनावटी सुंदरता की आवश्यकता नहीं पड़ती।

देवी बहुत ही सच्चा परचा देती हैं। सूनी कोखों को भरती हैं, रूठे जोड़ों को मिलाती हैं, शराबी पतियों को ठीक करती हैं, सौतिनों का झोंटा पकड़कर खींचती हैं, क्रूर पतियों से पीछा छुड़ाती हैं, गरज यह कि सभी की इच्छा पूरी करती हैं। पतिया की मां ने भी मानता मानी थी कि उसका सुहाग बना रहे, अपनी ससुराल का सुख वह देखे।

सवेरे का समय था। पूरन, उसकी मां और पतिया तीनों जमुना में

डुबकी लगा, लोटों में जल भर, देवी के मंदिर की ओर जा रहे थे। तीनों ने भक्ति भाव से जल चढ़ा दिया, और थोड़ी दूर हटकर वहीं बैठ गए।

पतिया को बड़ा अचरज हुआ जब उसने देवी पर बकरे चढ़ते देखे। ओसारे में खून ही खून। मां ने उसमें अपनी उंगली भिगोकर उसकी मांग भरनी चाही। वह इसे सहन न कर सकी। मां का हाथ झंझोड़कर वह उठ खड़ी हुई। उसके मन में हो रहा था कि वह यहां से भागकर कहीं दूर चली जाए।

मां के हृदय में एक खटका सा हुआ। पर उसने कहा कुछ नहीं।

आसमान और धरती पर धूप पूरी तरह फैल गई थी। मेले में चहलपहल अच्छी तरह जग उठी। दुकानदारों ने गोलक संभाले और सौदा बेचने लगे। ग्राहक पूरे मेले में चक्कर काटने लगे। छोटे छोटे बच्चे खुश होकर खिलौनेवालों की दुकानों के सामने जमा हो गए और तरह तरह के रंगीन खिलौनों को देखने लगे।

पूरन, पतिया और उसकी मां भी मेला देखने चले। दर्शक इस तरफ से उस तरफ आ जा रहे थे। इस समय कुछ खरीदना तो था नहीं, सिर्फ देखना ही देखना था। इसी से वे जहां खड़े हो जाते, खड़े ही रह जाते। जहां बैठ जाते, बैठे ही रह जाते। पूरी निश्चिंतता थी। जल्दी किसी बात की न थी। एक जगह बैठकर तीनों ने गुड़ की जलेबी लेकर खायी। पानी पिया। फिर मेले के उस तरफ वे तीनों चले, जहां चक्करदार, ऊपर नीचे, जाने आनेवाले झूलने गड़े हुए थे। पूरन सवार हुआ। उसकी मां भी झूले में बैठ गई। पर पतिया ने इनकार कर दिया। वह खड़ी खड़ी देखती रही।

पतिया को कुछ अच्छा नहीं लग रहा था। रह रहकर उसकी आंखों के सामने सिंहवाहिनी देवी का दृश्य घूम जाता था। चारों ओर खून ही खून! और मां का उसे उसकी मांग में भरना–उसे यदि पहले से पता होता तो वह कभी मेले में न आती!

झूलों के पास से चलकर तीनों अपने डेरे की तरफ चले। पतिया ने घुटने न टेक दिए होते तो अभी और घूमते। डेरे पर पहुंच कर रोटी बनी। कुछ देर आराम करने के बाद सांझ को फिर मेला घूमने चले। इस वक्त तमाशों की धूम थी। कोई जादू करता था, कोई हाथ की सफाई दिखाता था। ताशवाले अपना खेल दिखा रहे थे। तीनों यह सब देखते देखते आखिर उस

जगह पहुंचे जहां एक पंडाल के नीचे दो तीन औरतों का बारी बारी से नाच हो रहा था। तबला, मंजीरा और सारंगी बज रही थी। आदमियों की भीड़ ठसाठस जमा थी। वाह वाह का स्वर ऊंचा हो रहा था। यह सब देखकर पूरन की आंखों में चमक भर गई। एक लट्ठे से टिककर नाच देखने में वह अपने को भूल गया। मां बेचारी केवल साज की आवाज सुनती रही। पतिया के हृदय में भी, पहली बार, कौतुक ने घर किया। कुछ देर उसने नाच देखा; फिर उसकी आंखें टिक गईं पूरन पर–लट्ठे से टिका जो अपनी सुधबुध भूल गया था!

रात को मेला देखकर पतिया जब लौटी तो बहुत देर तक उसे नींद नहीं आई। पूरन और उसकी मां बातें करते करते सो गए। पर पतिया के जी को चैन नहीं पड़ रही थी। करवटें बदलते बदलते, रात के तीसरे पहर, उसकी आंखें झपकीं। पर उसका मन अब भी जैसे मेले में ही भटक रहा था। सपने में वह देख रही थी–लट्ठे से टिका पूरन, गुड़िया की तरह सजी सजाई पतुरियों का नाच, लोगों का पैसे फेंकना और उनका, खीसें निपोरते हुए, झुककर उन पैसों को उठाना, फिर सिंहवाहिनी देवी–चारों ओर खून ही खून! और मां का उसमें उंगली भिगोकर...

एक चीख के साथ पतिया की आंखें खुल गईं। आवाज सुनकर मां ने पूछा : " क्या है पतिया?"

"कुछ नहीं मां," पतिया ने कहा–"सपना देख रही थी।"

सोने का आदेश देकर मां करवटें बदलने लगी। बोली कुछ नहीं। पतिया के हृदय में डर समा गया था। प्रयत्न करने पर भी वह उसे दूर नहीं कर सकी। अंधेरे में धरती पर पड़े पड़े वह ऊब चली–इससे तो यह कहीं अच्छा था कि रातभर मेले में ही घूमती रहती। बड़ी बेचैनी से वह सुबह होने की प्रतीक्षा करने लगी।

दूसरे दिन अंधेरेमुंह पतिया ने सबको जगा दिया। मां बड़बड़ाती हुई उठ बैठी। पतिया ने कहा : "मेला देखने के लिए यहां आई हो। चलो उठो, आज दिन भर घूमेंगे।"

पतिया की बात सुन कर मां को बड़ा अचरज हुआ। उसकी समझ में न आया कि यह कैसी लड़की है। कहां तो मेले से दूर भागने को कहती थी, और कहां अब खुद ही उतावली हो रही है। मां के हृदय में कुछ ढारस बंधा।

मेले में उस समय तक अधिक भीड़ नहीं हुई थी। तीनों निर्द्वंद्व होकर दुकान दुकान फिरने लगे। पूरन ने कुछ पहनने के कपड़े खरीदे। मां ने चूड़ियां, सेंदुर, कंघी और कुछ चीजें खरीदीं। पतिया से मां ने कुछ खरीदने को कहा। उसने कहा : "रहने दो, मुझे यह सब कुछ नहीं चाहिए!"

खिलौनों की दुकान के सामने पहुंचने पर मां ने पतिया से फिर कहा : "कुछ खिलौने ही खरीद ले। तू तो न जाने कैसी है?"

"कोई अच्छा खिलौना मिले तब तो खरीदूं। मुझे राम सीता की जोड़ी अच्छी नहीं लगती जो उसे खरीद लूं, और न वह मूंछें ऐंठे सिपाही ही जो बंदूक कंधे पर रखे हैं। मैं यह नहीं खरीदती।"

दूकानदार आगे बढ़कर बोला : "तू इधर आ! देख, क्या खरीदेगी?"

पतिया जरा अंदर बढ़कर खिलौनों को देखने और छांटने लगी। दस खिलौनों के बीच एक गुजरिया मुंह खोले चरखा कात रही थी। दीन दुनिया से बेखबर सूत कातने में लगी थी–मानो अपनी तकदीर का तार निकाल रही हो।

संकेत पाकर दुकानदार ने गुजरिया उठाकर पतिया को दे दी। पतिया ने तिनककर कहा : "क्या एक ही खिलौना दोगे? मैं दूसरा एक और खरीदूंगी। जरा देख लेने दो। बताती हूं।"

इधर उधर आंखें घुमाने के बाद एक खिलौने पर उसकी नजर टिक गई। वह बोली : "दुकानदार, वह दो।"

दुकानदार ने समझा कि सूत कातती औरत खरीदी है तो दूसरा झंडा लिए वीर जवाहर खरीदने को कहती है। इसी से हाथ में झंडा संभाले मिट्टी का वीर जवाहर उठाकर देने लगा।

यह देख पतिया गुर्रा उठी : "यह नहीं। मैं उसे कहती हूं जो तिरछी टोपी सिर पर लगाये सिगरेट पी रहा है। बड़ा अच्छा लगता है वह। इसे जरूर खरीदूंगी।"

पतिया की पसंद पर मां मन ही मन कुढ़ रही थी। पूरन भी खीझ सा उठा था। पर उसने कुछ कहा नहीं। चुपचाप दोनों खिलौनों के दाम उसने दे दिए और तीनों मेले की दूसरी तरफ बढ़े।

कई रोज बाद पतिया के मुंह पर कुछ खुशी दिखाई पड़ी थी। पूरन और उसकी मां ने समझा कि चलो, मेला आना सकारथ हुआ। पतिया को भी मेले

में अब और कुछ लेना नहीं रह गया था। उसने उकताकर कहा : "मां, अब चलोगी न? पूरन भैया, चलो, अब घर लौट चलें। शाम ही तो है। दो तीन घंटे में घर पहुंच जाएंगे।"

मां ने कहा : "पूरन, तू कुछ खा पी ले, और पतिया तू भी। तब फिर लौट चलें। कोई और काम तो है नहीं। तेरे दादा राह देखते होंगे।"

तीनों जिस राह होकर मेले में आए थे, उसी से घर लौट गए। पूरन के सिर पर गठरी, मां के सिर पर गठरी, और पतिया के दोनों हाथों में दो खिलौने थे।

7

मेले से घर पहुंचकर दूसरे ही दिन पतिया ने अपनी सहेलियों को अपने घर बुलाया। मंझली और बड़ी में से सिर्फ मंझली ही आई। बड़ी अपने पति के यहां दो रोज पहले ही चली गई थी। पतिया से उसकी भेंट न हो सकी, इसका उसे रंज था, मंझली ने बताया।

“दोपहर के वक्त घर की अंगनई में पतिया अपने खिलौनों को लेकर बैठी। मंझली खिलौनों को देख देखकर खूब हंस रही थी।

“मुझे मेले में बहुत बुरा लग रहा था। वहां कुछ अच्छा नहीं था। और तुम्हारी सिंहवाहिनी देवी? ओसारे में खून ही खून!”

“तुझे न मेला अच्छा लगे, न ससुराल अच्छा लगे। न जाने कैसी है?” मंझली ने कहा।

“अच्छा क्यों नहीं लगता। ले, इसे देख, यह सूत कातती औरत कितनी भली है। अपने काम में लगी रहती है। न दुनिया की फिकर, न किसी की। और जरा इसे तो देख, कैसा छैलचिकनिया खड़ा है। तुझे पसंद है न?” पतिया ने पूछा।

“मुझे क्यों न पसंद आएगा। मेरे ‘वह’ ठीक ऐसे ही हैं जैसे ये खड़ा है!” ठिठोली से मंझली ने कहा और पतिया का मुंह देखने लगी।

बात कुछ भेद भरी थी। सुनकर पतिया कुछ सोच में पड़ गई। फिर बोली : “तेरे न सही, पर मेरे तो हैं। इसी से खरीद लायी हूं कि तुझे भी

दिखा दूं। बड़े सुंदर हैं न!''

''पर इसके साथ उस औरत का क्या मेल? तूने भी बेमेल, सौदा खरीदा?'' मंझली ने कहा।

''मेल बेमेल मैं नहीं जानती। एक ही दुकान से तो मैं इन्हें लायी हूं। तू बड़ी सयानी निकली। जानती है, मैं इन दोनों का क्या करूंगी? देख, इस औरत को तो उस आले में और इस मर्दुवे को चूल्हे के ऊपर वाले ताख पर रख दूंगी। इसके मुंह पर खूब धुआं लगेगा। बड़ा छैलचिकनिया बना है!''

''बड़ी नाराज है तू इससे। तेरा इसने क्या बिगाड़ा है? बेचारा चुपचाप खड़ा अपनी मूंछें मरोड़ रहा है। अगर हाथ पांव हिलाता होता, इसमें कुछ जान होती तो तेरी चमड़ी उधेड़कर रख देता, और तुझे गरम तवे पर बिठाकर मछली की तरह भूनता। समझी, बहुत बातें न किया कर!''

''बड़ा आया चमड़ी उधेड़ने वाला। अभी पटक दूं तो चूर चूर हो जाए!'' पतिया ने कहा।

मंझली कुछ कहने जा रही थी कि पतिया के बाप ने तमाखू मांगी। पतिया चिलम भरने लग गई। उसके जाने के बाद मां आ गई। पतिया की मां और मंझली में बातें होने लगीं।

''माई, तुम सब मेले हो आईं। मुझे अपने साथ न लिवा ले गईं–क्यों?''

''हां बिटिया, हम मेले हो आईं। तू चली नहीं। मेला बड़ा अच्छा था।''

''पतिया तो कहती है, मेला बड़ा खराब था।''

''अरे, वह तो निरी पागल है। उसकी भली चलाई। उसे दुनिया में कुछ अच्छा भी लगता है।''

''पागल नहीं है, बातें तो ऐसी गढ़ती है जैसे चालीस से कम की न हो!''

''उसकी खरीददारी नहीं देखी! दुकानदार तक हंसता था। सारे मेले में इन्हीं दो खिलौनों को पसंद करके उसने मोल लिया।''

''माई, मैं तो समझी थी कि पतिया ने इस मर्दुवे को तुम्हारे मन से खरीदा है, और औरत अपने मन से। तभी तो इसे पटककर चूर चूरकर देने को कहती थी।''

"मैं तो बाहर खड़ी रही। दुकान के भीतर तक नहीं गई। उसी ने दोनों खरीदे हैं।"

"अच्छा...!"

इतने में पतिया भी आ गई। मां ने कहा :

"क्यों, तू इसे पटक देना चाहती है क्या?"

"हां...नहीं।"

"मां से डरती है, इसी से हां नहीं दोनों कहती है।"

"मेरी बिटिया के कुछ अक्किल नहीं है। बड़ी सीधी है।" मां ने कहा।

"नहीं माई, समझ तो इसमें बहुत है। सूत कातती औरत इसे बहुत पसंद है। सो उसे सम्हाल कर रखेगी आले में, और यह जो मर्दुवा है न, उसे चूल्हे के ऊपर, धुआंधानी में रखने को कहती है।"

"यही तो इसमें पागलपन है," मां ने कहा, "दोनों खिलौनों को एक ताख पर सजाकर रखना चाहिए। लेकिन यह है कि..."

"मैं तो रख दूंगी। पर यह औरत वहां रहना चाहती है?"

"तुझे क्या मालूम? रखकर तो देख। यह वहां से टस से मस न होगी।"

"वह नहीं रहने कहती। कहती है, मुझे मेले भेज दो। मैं यहां न रहूंगी।"

"मैं बहरी तो हूं नहीं। मुझे तो कुछ सुनाई नहीं देता। बिटिया, देखती है न पतिया की बातें।" मंझली की ओर मुंह करते हुए मां ने कहा।

"यह देखो मां, मैंने तो दोनों को एक जगह रख दिया था, लेकिन यह दौड़कर मेरे पास चली आई।"

"चली कहां आई–तू ही तो इसे उठा लाई है!"

"क्या करती? मुझसे गिड़गिड़ाने लगी। मैं उठा लायी।"

"माई, इससे पूछो तो भला कि वह बेचारा वहां अकेला क्या करेगा?" मंझली ने कहा।

"वह जब तक जी में आवेगा, वहीं रहेगा और जब मन न लगेगा, तब चम्पत हो जाएगा।" पतिया ने जवाब दिया।

"और यह औरत क्या करेगी? क्या अकेले अपने करम को रोया करेगी?" मां ने चिढ़कर कहा।

“नहीं मां, बैठे बैठे खूब सूत काता करेगी और...”

पतिया की यह बात सुनकर मंझली हंस पड़ी। पतिया को यह बहुत बुरा लगा। फिर एकाएक छैलचिकनिया को मंझली के मुंह के आगे कर कहने लगी : “ले, इसे तू अपने घर ले जा। तेरी हंसी की यह खूब कद्र करेगा!” पतिया की बातें सुन मां का हृदय धक धक कर रहा था।

8

मोहिनी की मां को कई दिनों से ज्वर आ रहा था। कुछ कमजोर होकर पीली पड़ गई थी। उसकी देखरेख करनेवाला घर में कोई नहीं था। मोहिनी थी, पर उसका होना न होना बराबर था। एक बात यह भी थी कि मां खुद उसे अपनी चिंता में नहीं डालना चाहती। चारपाई पर पड़ी रहती और जैसे तैसे उठ बैठकर पानी पी लेती। मोहिनी से कुछ नहीं कहती। घर में और कोई दूसरा प्राणी नहीं है। स्वामी और नरायन दोनों लड़के घर छोड़कर न जाने कहां चले गए। सूने घर में मोहिनी की चमकदमक, बकरियों और उनकी मींगनों के सिवाय अब और कुछ नहीं रहा है।

केवल बुखार की तकलीफ मोहिनी की मां को विचलित न करती, पर उसे तो हर तरह की तकलीफों ने चारों तरफ से घेर लिया है। घर में अब पानी नहीं आता। थोड़ा बहुत खींच कर मोहिनी लाती भी है तो वह उसी के ऊपर चढ़ जाता है। मां को पीने के लिए भी मुश्किल से मिलता है। आटा दाल, तेल नमक, लकड़ी–सबका जैसे अकाल पड़ गया है। बकरियों की भूख अलग घर में ऊधम मचाये रहती है। पत्तियां तोड़कर लाने वाला कोई नहीं। बीमार पड़ने से पहले वह ही लग्घा से तोड़ लाती थी, पर जब से खाट पर पड़ी है, मोहिनी कसम खाने को जरूर कुछ पत्ती तोड़ लाती है, वरना वह कुछ फिकर नहीं करती। दीये में तेल तक नहीं पड़ता। घर में अंधेरा रहता है। झाड़ू नहीं लगता। बरतन वैसे ही पड़े रहते हैं। मोहिनी को जैसे अपने हाथों

के घिस जाने का डर रहता है। दो दो तीन तीन बार जले हुए बरतन चूल्हे पर फिर फिरकर चढ़ते रहते हैं।

घर की हालत देखकर मोहिनी की मां कभी कभी बहुत ज्यादा घबड़ा उठती है। न मालूम क्यों, वह मोहिनी से कुछ कहना सुनना नहीं चाहती। शायद उसे डर लगता है कि अन्य सब ने तो छोड़ ही दिया है, कहीं यह भी घर छोड़कर निकल जाये।

रह रहकर मोहिनी की मां को अपनी बहू पतिया की याद आती। अक्सर सोचती कि किसी तरह उसे बुला ले। वह आ जाएगी तो घर बुहारेगी, पानी लाएगी, बरतन साफ रखेगी, खाना पकाएगी, बकरियों के लिए पत्तियां तोड़ लाएगी–और कुछ नहीं तो कम से कम घर में उजाला तो करेगी...!

पतिया की यह याद इस तरह पहली बार मोहिनी की मां के हृदय में उभरी थी। उसके भीतर का मन जैसे कहता था कि चाहे जो भी हो, पतिया आएगी जरूर। पतिया ऐसी नहीं कि रूठकर अपना घर ही छोड़ दे। जैसे एक दिन यहां से चुपचाप खिसक गई थी, वैसे ही अपने मायके से एक दिन आ भी जाएगी!

घर में और कोई नहीं था। मोहिनी की मां अकेली बिस्तरे पर लेटी थी। पतिया के बारे में सोचते सोचते उसे कुछ ऐसा लगने लगा मानो पतिया सचमुच आने वाली हो। आंखें बंदकर निरालस भाव से वह पड़ रही और पतिया के पांवों की आहट सुनने की प्रतीक्षा करने लगी।

तीसरे पहर के वक्त मोहिनी अपने आंचल में लायी के लड्डू लेकर घर आई। आहट सुनकर मां ने पूछा : "कौन...?"

"कोई नहीं," मोहिनी ने ठिठककर उत्तर दिया–"मैं हूं, मां!"

मां ने कुछ नहीं कहा। आंखे बंद किये ही करवट बदलकर दूसरी ओर मुंह कर लिया। मोहिनी कुछ क्षण चुपचाप ठिठकी खड़ी रही। फिर बोली : "मैं तो अपने लिए कुछ नहीं बनाऊंगी, मां! तुम अगर कहो तो तुम्हारे लिए..."

मोहिनी की मां ने कहा : "मैं कुछ नहीं खाऊंगी। पर मेरे पीछे तू कब तक भूखी रहेगी। अपने लिए तू कुछ बना ले तो अच्छा हो।"

"अपने लिए मैं कुछ न बनाऊंगी। मुझे भूख नहीं है।" कहते हुए मोहिनी मां की खाट के पास धम्म से बैठ गई।

"मां, आज तुम बहुत उदास दिख रही हो!" मोहिनी ने प्यार जताते हुए पूछा।

"नहीं तो बेटी!" इतना ही कहकर वह चुप हो गई।

"मालूम होता है, तुम मुझसे नाराज हो। मैं तुम्हारा कुछ काम नहीं करती, दिन भर इधर उधर घूमा करती हूं, इसलिए।"

"तू नाहक ऐसा सोचती है। मैंने तो तुझे आज तक कुछ नहीं कहा।"

"मां, क्या तुम्हें मेरा यह ढंग बुरा नहीं लगता? मैं घर में बहुत कम रहती हूं और ज्यादातर बाहर ही..."

"लड़की है तू। मैं भी तेरी उमर में ऐसी ही थी, बल्कि तुझसे भी कहीं ज्यादा। इस उमर में सभी खूब खेलते कूदते हैं। पर मैं सोचती हूं..."

"हां मां, सोचती तो मैं भी हूं। पर यह उमर ही कुछ ऐसी है कि जितना सोचो उतना..."

मोहिनी की बात सुनकर मां एकटक उसके चेहरे की ओर देखने लगी। मोहिनी मां की दृष्टि का सामना नहीं कर सकी। बात बदलकर उसने कहा : "पानी पिओगी मां। लाओ, मैं सिर दबा दूं। दर्द कर रहा होगा।"

कुछ कहने से पूर्व ही मोहिनी ने मां का सिर दबाना शुरू कर दिया। मां ने कोई विरोध नहीं किया। चुपचाप उसी तरह पड़ी रही। फिर एकाएक मोहिनी के हाथ को अपने दोनों हाथों में लेकर कुछ क्षण देखती रही–मानो मोहिनी की भाग्यरेखा को परख रही हो!

"क्या देख रही हो, मां?" मोहिनी ने अपना हाथ मां के हाथों से छुड़ाते हुए कहा।

मां की आंखें मोहिनी के चेहरे पर पड़ीं, सारे शरीर पर पड़ीं और फिर चेहरे पर एकटक टिकी रह गईं। शायद इस तरह आज तक मां ने मोहिनी को न देखा था। यह पहला ही अवसर था जब मोहिनी के रूप पर मां की आंखें इस तरह अटक कर रह गई थीं। बड़ी बड़ी आंखें, नुकीली भौंहें, गालों और ओठों की ताजगी, गरम गरम सांस–देखकर मोहिनी की मां का हृदय कांप उठा।

मोहिनी का हाथ मां के हृदय पर रखा हुआ था। मां का हृदय बुरी तरह धड़क रहा था। उसने पूछा : "मां, तुम्हें क्या हो गया है? देखो न, तुम्हारा दिल कितनी जोर से धड़क रहा है–सांस भी जोर जोर से चल रही है।"

"जरा इधर आ, बेटी!" मां ने कहा और मोहिनी को अपनी दोनों बाहों में कसकर हृदय से लगा लिया। मां अपनी बाहों में मोहिनी को इस तरह कसकर जकड़े थी–मानो मां को डर था कि यदि जरा भी ढील रह गई तो मोहिनी भी हाथ से निकल जाएगी।

मोहिनी घबरा उठी। मां ने अपनी बाहों में उसे इस तरह कस रखा था कि उसका दम घुटने लगा। जैसे तैसे अपने को छुड़ाते हुए मोहिनी ने कहा : "तुम्हें हो क्या गया है मां जो..."

मोहिनी अपना वाक्य पूरा न कर सकी। आंसुओं से भरी मां की आंखें देखकर वह चुप हो गई और सिरहाने बैठ, चुपचाप, मां के उलझे हुए बालों को अपनी उंगलियों से सुलझाने लगी।

9

मोहिनी शीशा सामने रखे कंघी से अपने बाल संवार रही थी। कमर तक लम्बे, काले काले, छल्लेदार बाल लहरा रहे थे। बिल्कुल नागिन जैसे लगते थे। तिल्ली के तेल की चिकनाई बालों में धार पैदा कर रही थी। अभी उस दिन मां के उलझे बालों में उंगलियां फेरते फेरते वह अनायास ही चौंक उठी थी। उसे ऐसा लगा था मानो किसी अंगारे पर उसका पांव पड़ गया हो–या फिर कोई अनहोनी बात हो गई हो। तभी मां ने उससे पूछा : "क्या है, बेटी?"

"कुछ नहीं मां," कुछ क्षण रुककर तथा एक झटके के साथ मां के सफेद बाल को तोड़ते हुए मोहिनी ने कहा–"एक सफेद बाल था, मां। मैंने तोड़ दिया!"

कमर तक लम्बे काले काले बालों की एक लट को हाथ में लिए मोहिनी बड़े ध्यान से उसे देख रही थी। देखते देखते वह खिलखिलाकर हंस पड़ी। फिर बोली : "मां तो पगली है। उसने अपने को कहीं का न रखा। लेकिन मैं...!"

मोहिनी ने शीशा अपने हाथ में उठा लिया। अपने रूप को देख कर वह स्वयं ही मुग्ध हो उठी। अपनी छवि को सम्बोधित कर वह कहने लगी : "मैं सुंदर हूं। मुझे डर किसका है! मैं जो चाहूं करूं। मैं सिंगार न करूं तो और कौन करेगा। अभी इन घने बालों को चिकना कर जूड़ा बांधूंगी, मांग में सेंदूर

भरूंगी, मुंह में तनिक चिकनाहट लगाकर आंखों में काजल की धार और माथे पर बिंदी–अरे, फिर देखना!

''मैं अपने मुंह मियांमिट्ठू नहीं बनती। मुझे कौन नहीं चाहता। जिसे देखो, मेरे लिए व्याकुल दिखता है। मैं जिस ओर निकल जाती हूं, न जाने कहां कहां के छोकरे मेरे आसरे में ताकते मिलते हैं। आवारा कहीं के! मंदिर में देवी को जल चढ़ाने जाती हूं तो वहां भी पहुंच जाते हैं। दुकान पर सौदा लेने जाती हूं तो दुकानवाले का लड़का ताक में रहता है। तालाब में नहाने जाती हूं तो लोग वहीं पर मंडराया करते हैं, कुएं पर जाती हूं तो चौपालों से लोग इशारा करते हैं!''

मोहिनी को बीते दिनों की याद हो आई जब वह छोटी सी थी। पिता पड़े पड़े चारपाई तोड़ने के अतिरिक्त और कुछ नहीं करते थे। घर में कुछ हो, उन्हें कोई फिक्र नहीं थी। न उन्हें मां की परवाह थी; न बेटे बेटियों की। मां जब अकेली होती थीं तो बहुत खुश रहती थीं। सदा कोई न कोई गीत गुनगुनाती रहती थीं। किंतु अपने बच्चों को देखते ही वह सब कुछ भूल जाती थीं। उनकी खुशी न जाने कहां गायब हो जाती थी, और जरा जरा सी बात पर नाराज हो जाती थीं।

मोहिनी और स्वामी को उन दिनों वह पीटती भी खूब थीं। एक दिन की बात है। मां कंघी चोटी कर रही थीं। सिंगार करते समय वह किसी को अपने पास नहीं फटकने देती थीं। उन्हें अपने पास तक नहीं आने देती थीं। दोनों दूर खड़े देखा करते और यह मनाया करते कि मां जल्दी से सिंगार कर घर से बाहर निकल जाए। मां के बाहर चले जाने पर दोनों उसके कपड़ों तथा सिंगार की सामग्री के साथ मनमानी किया करते।

उस दिन मां ने दोनों को पकड़ लिया और बुरी तरह मारा। मां जल्दी ही घर लौट आई थी। मोहिनी उस समय स्वामी का सिंगार कर रही थी। उसे मां की उसने साड़ी पहना दी थी, उसके माथे पर बिंदी लगा दी थी। मां ने देखा तो आगबबूला हो गई। उन्हें खूब मारा। रोते रोते दोनों गए अपने पिता के पास। रोते जाते थे और कहते जाते थे : ''इस मां को तुम घर से निकाल दो। दूसरी मां ले आओ। इसके साथ हम नहीं रहेंगे!''

पिता ने कुछ नहीं कहा। गोदी में बिठाकर उन्हें पुचकारा तक नहीं। बस, हो हो हो करके हंसने लगे। फिर बोले : ''मां को निकाल दो, खैर

इसकी मनाओ कि वह हमें घर से बाहर नहीं निकाल देती...जाओ चले जाओ यहां से!''

इसके बाद वह फिर हो हो होकर हंसने लगे।

मोहिनी और स्वामी दोनों पिता के पास से चले आए। उन्हें अब विश्वास हो गया था कि पिता उनके लिए कुछ न करेंगे। मां उन्हें पीटती थी और वे पिटकर रह जाते थे। न मां उन्हें पीटना बंद करती थी, और न वे अपना रवैया बदलते थे। हां, एक बात अवश्य हुई थी। वह यह कि अब मोहिनी स्वामी का सिंगार नहीं करती थी। स्वामी को अब वह बाहर खड़ा कर देती थी, और स्वयं अपना सिंगार करती थी। स्वामी का काम यह होता था कि वह देखता रहे, कोई आ तो नहीं रहा है!

स्वामी को यह अच्छा नहीं लगता था कि मोहिनी सिर्फ अपना ही बनाव सिंगार करती रहे। दूर खड़ा खड़ा वह मोहिनी पर झुंझलाया करता। कभी कभी तो उसके मन में होता कि मोहिनी का सारा सिंगार नोच डाले। यह भावना उसमें दिन दिन जोर पकड़ने लगी। जब नहीं रहा जाता तो मोहिनी पर झपट पड़ता। एक दिन तो वह इस बुरी तरह झपटा कि मोहिनी नंगी खड़ी रह गई। मोहिनी सकपका उठी, पर स्वामी पर इसका कोई असर न पड़ा। वह दूर खड़ा हंसता रहा–ठीक अपने पिता की तरह–हो हो हो!

स्वामी और मोहिनी का विरोध दिन दिन बढ़ने लगा। मोहिनी उसका सिंगार करना चाहती तो भी वह उसकी बात नहीं मानता था। उल्टी आदत उसे पड़ती जा रही थी। छिपकर वह देखता रहता कि मोहिनी सिंगार कर रही है। जब सिंगार कर चुकती तो झपट पड़ता। मोहिनी का सिंगार उसे फूटी आंखों नहीं सुहाता। यह भावना इतने प्रबल रूप में उसके हृदय में घर कर गई थी कि एक मोहिनी ही नहीं, कपड़ों से लदी फंदी उसे कोई भी स्त्री नहीं सुहाती थी। जब कभी वह किसी स्त्री को देखता तो यही उसके मन में होता कि उसके कपड़ों को नोचकर फाड़ डाले, और उसे नंगा-बूचा कर कहीं दूर जंगल में छोड़ आए।

मोहिनी को अच्छी तरह याद था। मां ने जबरदस्ती स्वामी का ब्याह कर दिया था। पतिया को लेकर जब वह घर आया तो उसके साथ भी उसने ऐसा ही किया। बहका फुसलाकर स्वयं मोहिनी ने पतिया को अपने साथ ले जाकर स्वामी के कोठे में बंद कर दिया। मोहिनी चुपचाप दराज में से देखती

रही। कोई बात न चीत, स्वामी पतिया पर गीध की तरह झपटा और उसके कपड़े नोच डाले। स्वयं मोहिनी चीख मारते मारते रह गई। उस दृश्य को न देख सकने के कारण उसने अपनी आंखें बंद कर लीं। पतिया के तो जैसे होश ही गायब हो गए। उस दिन जो पतिया के हृदय में स्वामी के प्रति घृणा उपजी सो फिर कभी न मिटी। मोहिनी से भी कई दिन तक पतिया नहीं बोली। उसे संदेह था कि अपने भाई स्वामी से मिलकर ही मोहिनी ने उसकी यह गत करवायी है। इन दोनों में मिलीभगत है।

"मिलीभगत!" मोहिनी ने खड़े होते हुए कहा, "अच्छा हुआ जो स्वामी यहां से चला गया। हमें भी देखना है, कौन तीसमारखां बनकर वह अब घर लौटता है।"

मोहिनी का सिंगार पूरा हो गया था। एक बार फिर शीशे में उसने अपना मुंह देखा और गर्व से भर उठी। इसके बाद अपनी धोती और चोली ठीककर मां के पास पहुंची : "जरा बाहर जाती हूं। आ जाऊंगी सांझ तक।"

घर से निकलकर मोहिनी थोड़ी दूर ही गई होगी कि एक बाम्हन के छोटे बच्चे को जबरदस्ती पकड़कर उसके घर ले गई और दरवाजे से अंदर घुसते हुए कहने लगी : "अरे, यह जमना बड़ा बदमाश है। राह चलते ढेला मारता है। यह तो समझो कि धोती में लगा। जरा सा और ऊपर करके मारा होता तो कमर में या पीठ में चिपक रहता!"

वह इतना कह पायी थी कि बीस इक्कीस साल का खूबसूरत नौजवान उसके सामने आकर खड़ा हो गया। उसने जमना को पकड़ लिया। मोहिनी को सुनाते हुए उसने कहा : "क्यों रे बेवकूफ, इस तरह कोई ढेला मारता है। अब ऐसा न करना। इसे तो फूल की मार की आदत है। क्यों, कहीं चोट तो नहीं लगी?"

मोहिनी जल्दी से वहां से निकलकर दूसरी ओर बढ़ गई। रास्ते में एक घर में अपनी बकरी ढूंढ़ने के बहाने घुस गई। इत्तिफाक से उस समय घर में कोई औरत न थी। क्षत्री युवक आंगन में खाट पर पड़ा धूप खा रहा था।

"यहां मेरी बकरी आई है?" मोहिनी ने कहा और आंगन में पहुंच गई।

युवक ने हाथ पकड़कर कहा : "हां आई है। उसे कोठे में मैंने बंद कर

रखा है। मेरा अनाज खा गई थी। अपनी बकरी को तुम बांधकर नहीं रखतीं!''

''तो क्या मुझे भी बकरी के साथ साथ बांधकर रखने का इरादा है। मेरा हाथ छोड़ दो। मैं बकरी नहीं हूं–मैं हूं मोहिनी!'' ऊपरी गुस्से से मोहिनी बोली।

''पहले यह तो बताओ कि तुम मेरे घर में बिना पूछे घुस कैसे आई? तुम्हें भी बकरी की तरह कोठे में...''

''बड़े आए बकरी की तरह बांधने वाले! हाथों में दम भी है!'' मोहिनी ने कहा और एक झटके के साथ अपना हाथ छुड़ाकर घर से बाहर हो गई।

वह युवक देखता ही रह गया।

10

लखनपुर के मेले को हुए छः महीने बीत गए। पतिया अब भी अपने मायके में बनी है। ससुराल से अभी तक कोई बुलावा नहीं आया। स्वयं पतिया को इसकी कोई परवाह नहीं थी। वह तो वहां से भाग ही आई थी। अगर उसका मन वहां लगता तो वहीं बनी रहती। पर, उसकी मां को अवश्य कुछ कुछ चिंता सताने लगी थी। अक्सर उसके मन में तरह तरह की शंकाएं आतीं और उसे घबड़ाकर विलीन हो जातीं।

पतिया का हृदय समझकर भी मां उसे कभी न समझ पायी। पतिया ने जब जन्म लिया था तो वह बिल्कुल ऐसी थी मानो चुहिया। गोदी में उठाते समय भी डर लगता था कि कहीं इसके प्राण न निकल जाएं। किसी को इसकी आशा नहीं थी कि वह जिएगी। मां उसे जब देखती थी तो उसका हृदय ठक् ठक् करके रह जाता था। एक खटका सा मां के हृदय में बैठ गया था जो हर समय उसे इस बात की याद दिलाता रहता था कि पतिया जिएगी नहीं। ठंडी सांस छोड़ते हुए वह सोचती : "इससे तो यह कहीं अच्छा होता कि पतिया जन्म ही न लेती!"

पर पतिया मरी नहीं। मां उसके जीवन को देखकर दंग रह गई। कहां तो मां रोज पतिया के मरने की बाट देखती थी और कहां अब उन्हें कुछ ऐसा विश्वास हो चला कि चाहे जो हो, पतिया कभी मरेगी नहीं। पतिया पर अब जब कभी वह गुस्सा होतीं तो झुंझलाकर कहतीं, "अच्छा होता, अगर यह

पहले ही मर जाती...पर यह काहे को मरने लगी...यह तो हम सबको मारकर मरेगी...!"

गुस्सा उतर जाने पर उतने ही वेग से वह पतिया को प्यार भी करतीं, पतिया मरेगी नहीं–राम न करे वह कभी मरे–किंतु एक बात उसमें अब भी बाकी थी। उसने जब जन्म लिया था तो बिल्कुल ऐसे लगती थी मानो चुहिया हो। पतिया का वह चुहियापन अभी तक बना हुआ था। उमर उसकी सयानी हो चली थी, पर बदन की गठन छुटपन जाहिर करती थी। रह रहकर मां सोचती : "लड़की की जात। ब्याह होगा तो भला क्या कहेगा इसका पति चुहिया सी बहू को देखकर!"

मां की कुछ समझ में नहीं आता था कि पतिया कैसी लड़की है जो उमर इसकी बढ़ती जाती है, मगर बदन इसका फिर भी नहीं पनपता। खुद भूखी रहकर भी वह पतिया के खाने पहनने की जुगत लगाती। पतिया को अपने पास बुलाकर उसके शरीर पर हाथ फेर फेरकर इस बात की टोह लेने का प्रयत्न करती कि कहीं कोई उतार चढ़ाव दिखाई पड़े।

मां पतिया को खूब भरा पूरा देखना चाहती थी।

पतिया को यह सब जरा भी अच्छा नहीं लगता। मां उसमें जितना अधिक उभार देखना चाहती, उतना ही पतिया मां के सामने पहुंचने पर सिकुड़ जाती। उसका बस चलता तो वह अपने रहे सहे अधकचरे शरीर को भी लोपकर देती। मां की दृष्टि से छिपाकर वह अपने शरीर को रखना चाहती। खाने पहनने की ओर से भी पतिया की रुचि उचट गई। वह तो बस मशीन की तरह सदा काम में जुटी रहती।

एक दिन की बात है। अलग खड़ी मां बहुत देर तक पतिया को देखती रहती। जब नहीं रहा गया तो बोली : "तू भले ही खत्म हो जाए पतिया, पर तेरा काम कभी नहीं खत्म होगा। मैं कहती हूं, अपने तन का भी कुछ ध्यान रखाकर...!"

पतिया सब कुछ करती, पर अपने तन का ध्यान नहीं रखती। उसे बड़ा बुरा लगता जब कोई तन की ओर ध्यान देने की बात उससे कहता या उसके तन की ओर ध्यान देना शुरू करता।

"तुम भी अजीब बात करती हो, मां!" पतिया अपनी झुंझलाहट को दबाने का प्रयत्न करते हुए कहती–"काम भी न करूंगी तो फिर और क्या

होगा इस मुवे तन का!"

इसी तरह दिन बीतते गए। अंत में कांपते हृदय से मां ने पतिया का विवाह किया और इसके बाद अपने ससुराल से भागकर जब पतिया आई तो कांपते हृदय से उसका स्वागत किया। अपने मन को समझाने को लिए मां ने सोचा कि पतिया वैसे ही चली आई है। एक आध महीने रहकर लौट जाएगी। किंतु छः महीने बीतने के बाद भी जब पतिया न तो स्वयं गई और न उसे कोई लिवाने आया तो मां का हृदय आशंकाओं से घिरने लगा। सब कुछ समझकर भी मां कुछ नहीं समझ पाती। इसके अलावा पतिया की अनोखी बातें भी मां को अचरज में डाले रहतीं, उसका मांग में देवी का रक्त न लगवाना, मेले में खिलौनों का खरीदना, फिर उन्हें अलग अलग रखना–अज्ञात आशंका से रह रहकर मां का हृदय कांप उठता!

11

पतिया अपने काम में जुटी थी। पास ही बैठी मां पतिया के बारे में तरह तरह की बात सोच रही थीं। तभी पूरन ने आकर कहा : "मां, आज खेत ताकने तुम दोनों चली जाना। मैं न जाऊंगा।"

मां बोली : "बड़ी अच्छी बात है। हम चली जाएंगी। तू रात को घर पर ही सोना। बुढ़ऊ भी तो यहीं रहेंगे।"

पतिया बोली : "क्या कहीं नौटंकी है, भैया?"

पूरन ने जवाब दिया : "नहीं तो। यों ही तबीयत नहीं करती। क्यों, तुझे वहां जाते डर लगता है क्या?"

"डर मैं किसी से नहीं करती। घर हो चाहे खेत खलिहान–कहीं भी मुझे डर नहीं लगता। मैं खूब मजे से मचान पर चढ़कर खर्राटे मारकर सोऊंगी। मुझे जैसे यहां, तैसे वहां।" पतिया ने निडर होकर लापरवाही से कहा।

मां ने कहा : "पतिया, थोड़ी देर बाद चलूंगी। तब तक सबको खिला पिला दूं। सूरज डूबने से पहले ही खेत पहुंच जाएंगे। नहीं तो रात को अंधेरे में रास्ता न सूझेगा।"

पूरन बोला : "अभी हम लोग न खायेंगे। तुम खा पी लो। मैं दादा को खिला दूंगा और खुद भी खा लूंगा। डिब्बी में तेल तो है न?"

पतिया दौड़कर आले तक गई और डिब्बी को उठाकर बोली–"हां है

तो। आज भर चल जाएगा।"

गांव से एक मील के फासले पर कई खेत हैं। वहीं पर सात आठ बीघे का खेत पूरन का है। रात का समय है। अंधियारी हर तरफ घेरा डाले पड़ी है। कोई बोल नहीं सुनाई पड़ता। सब ओर सूनसान सायं सायं करता है। अपने अपने खेतों पर किसान लोग सोये हैं। गहरी नींद का पहर है। कोई जागता नहीं जान पड़ता। आसमान के सितारे धरती पर उतरकर सबको जगा देना चाहते हैं। इसी से कुछ उत्सुक से दिखते हैं। आदमियों की रात उनका दिन है। खेतों में खड़ी ज्वार भी सन्नाटा खींचे है!

करीब आधी रात बीत गई। एकाएक सड़क के पास, पीपल से, उल्लू के बोलने की आवाज चारों तरफ दौड़ गई। एक मरतबा नहीं, बल्कि बड़ी देर तक, रह रहकर, वह पचीसों बार बोलता रहा।

खेतों में जैसे कंपकंपी दौड़ गई। हवा घबड़ाकर इधर से इधर लुकने छिपने लगी। रात की शांति भंग हो गई। ऐसा मालूम होने लगा जैसे कोई हत्यारा खून में डुबोयी छुरी लिए खेतों के आसपास डोल रहा हो। आसमान भी जैसे डर गया और वह धरती को छोड़कर ऊपर उठने की कोशिश करने लगा। तारे बड़ी गौर से, एकटक आंख गड़ाकर, क्या होने जा रहा है, देखने लगे।

पतिया घबड़ाकर जग उठी। उल्लू की बोली सुनकर उसके रोएं खड़े हो गए। बोल रुक सा गया। आंखें खुलकर इधर उधर देखना चाहती थीं, पर खुलती न थीं। मन में डर फैल गया। उल्लू की बोली क्या, जैसे मौत आकर मंडरा रही थी। पतिया ने सोचा–मां को जगा दे। उसने जल्दी से मां को हिला दिया। वह न जगी। पतिया की घराहट और बढ़ गई। तबियत हुई, एक गोफना घुमाकर मचान से उल्लू को मारकर भगा दे, पर उसे याद हो आया कि उल्लू ढेला लोककर किसी कुएं में डाल देगा। फिर जैसे जैसे ढेला घुलेगा, वह भी घुल घुलकर नर जायेगी। यह सोचकर वह अधिक चिंतित हो गई। उसकी समझ में नहीं आया कि वह क्या करे। अंधेरी रात में उल्लू की बोली उसे शैतान की तरह तंग कर रही थी। वह कभी इधर करवट बदलती तो कभी उधर, पर चैन नहीं मिलता था। वह जोर से आंख गड़ाकर सोने का बहाना करती, और दो तीन मिनट मुरदा सी पड़ी भी रहती, पर जैसे कोई

सोने नहीं देता। ऐसा मालूम होता कि जैसे उल्लू ठीक मचान के नीचे ही आकर बोल रहा है। उसने कानों में उंगलियां डाल लीं कि बोल न सुनाई दे, लेकिन बोल फिर भी सुनाई देता रहा। जैसे जैसे देर होती गई, पतिया को ऐसा प्रतीत होने लगा मानो हर एक बोल के साथ सैकड़ों उल्लू पैदा हो रहे हैं और चारों ओर उड़ उड़कर बोल रहे हैं। वह बेहद सहम गई। आज तक वह कभी इतनी न डरी थी।

अंत में पतिया ने मां को दोनों हाथों से पकड़कर झकझोर दिया। मां जग उठी। बोली : "क्या है, बेटी।"

पतिया ने मां के मुंह पर अपना हाथ रख दिया और बिल्कुल चिपटकर एक हो गई। उसका दिल बड़े जोर से धड़क रहा था। वह चुप्पी खींचे मां से लिपटी पड़ी रही।

मां ने सुना, उल्लू बोल रहा है। समझ गई कि पतिया इसकी बोली सुनकर डर गई है। प्यार से पतिया की पीठ पर हाथ फेरकर वह उसे थपकी देने लगी।

जरा देर के लिए उल्लू का बोलना बंद हुआ। पतिया की जान में जान आई। मां से बोली : "पूरन भैया भी बड़े खराब हैं। मुझे बता देते तो मैं यहां न आती।"

"हां," मां ने कहा।

"मां, मैंने तुम्हें एक बार पहले भी जगाया था। तुम न जागीं तो मेरी जान सूख गई। बोलना बंद ही न होता था। मैं मरी जा रही थी। न जाने क्यों, मुझे सुन सुनकर बहुत डर मालूम होता था।"

"उल्लू की बोली ऐसी ही होती है। मुझे डर लगता है, तब तेरी कौन कहे। तू तो अभी बच्ची ही है।"

"बड़ी अशुभ होती है न, मां?" पतिया ने पूछा।

"बहुत" मां ने कहा–"जरूर कोई न कोई बुरी बात होकर रहती है। मेरा दिल भी सहम गया है। ईश्वर भला करे!"

"मालूम होता है, कल भी उल्लू बोला था। तभी पूरन आज यहां नहीं सोया, और हम लोगों को उसने भेज दिया।"

"ऐसा होता तो वह जरूर बता देता।"

इतने में उल्लू ने फिर बोलना शुरू कर दिया। पतिया को अनुभव

हुआ–मानो रात के अंधेरे में से असंख्य भयानक भयानक जीव प्रकट होने और आसपास शिकार की तलाश में दौड़ने लगे हैं। क्षण भर में उसके पास आकर उसे दबोचने लगे। फिर पतिया को ऐसा मालूम हुआ कि जैसे कोई मचान उखाड़कर फेंक देना चाहता है। वह और भी डरी। जोर से मां के सीने के पास चिपक गई। उसे ऐसा प्रतीत हुआ मानो उसके सारे शरीर में कोई दांत गड़ाकर उसका मांस नोचे लिए जाता है।

जब तक उल्लू बोलता रहा, पतिया की ऐसी ही दशा रही। उसकी नींद हर गई। कब सबेरा हो, वह इसी का इंतजार करती रही। मां को ऊपर से तो अधिक चिंता नहीं दिखती थी, पर भीतर वह भी पतिया से कहीं ज्यादा डर गई थी। उल्लू की बोली के बारे में तरह तरह की बातें वह सुन चुकी थी। वे सब बातें उसे एक एक कर याद आने लगीं। सबेरा होने पर जब मचान से नीचे उतरी और पतिया के साथ घर जाने लगी तो उसे मालूम हुआ जैसे उसकी जान निकल गई है और केवल ठठरी बाकी रह गई है। उसके बोलने की शक्ति भी खो सी गई थी। एक भी शब्द वह पतिया से नहीं बोली।

पतिया की समझ में भी नहीं आया कि आखिर मां बोलती क्यों नहीं। सूरज की किरनों के स्पर्श से पतिया का डर भाग गया था और वह फिर जैसी की तैसी हो गई थी। लेकिन मां घर पहुंचकर खाट पर लेट गई थी और फिर किसी से नहीं बोली। पूरन आया। उसने हाल पूछा। वह कुछ न बोली। उसका पति आया। उससे भी कुछ न बोली। पतिया ने पास बैठकर सिर मींजा और पानी को पूछने लगी। पर मां ने न तो पानी मांगा, न खाना। सारा दिन उसी तरह पड़ी रही।

दूसरी रात मां ने पतिया को अपने पास इशारे से बुलाया। पतिया आगे को खिसक आई। मां एकटक डबडबायी आंखों से उसकी ओर देखती रही। पतिया से मां की आंखों की ओर देखा न गया। उसे रुलाई आने लगी, पर रोयी नहीं। भीतर ही भीतर अपने आंसुओं को पीने लगी।

इसी समय मां का अस्फुट स्वर पतिया को सुनाई पड़ा। मां ने कहा : "मैं तो डर गई थी बेटी कि कहीं तेरे स्वामी को न कुछ..."

मां का स्वर जैसे फिर खो चला। पतिया ने मां को ढारस बंधाते हुए कहा : "कुछ नहीं मां, तुम उनकी चिंता न करो। मैं जानती हूं, उन्हें कुछ न होगा।"

कुछ देर बाद मां का स्वर फिर लौट आया। मां ने क्षीण आवाज में कहा : "अब ठीक है। यह अच्छा हुआ जो बला मेरे अकेले सिर गई। मरने से पहले मुझे वचन दे बेटी कि तू अपने घर चली जाएगी, और अपने पति से..."

मां का यह अधूरा वाक्य फिर पूरा न हुआ। तीन दिन बाद, ठीक उसी समय, जिस समय कि खेत में उल्लू बोला था। मां की जान निकल गई।

12

मां के अंतिम वचनों की गांठ बांधकर पतिया अपने पति के घर लौट आई। उसने निश्चय कर लिया था कि सब ओर से ध्यान हटाकर अपने पति की वह सेवा करेगी। कमासिन पहुंचकर सबसे पहला काम जो वह करना चाहती थी, वह यही कि स्वामी के पैरों पर पड़कर वह माफी मांगेगी। एक बार यदि वह ठुकरा देंगे तो भी वह उनके पांव नहीं छोड़ेगी। किंतु पतिया को बड़ी निराशा हुई जब उसने देखा कि स्वामी घर पर नहीं हैं। मां और बहिन–सबको छोड़कर वह कहीं चले गए हैं।

पतिया मन ही मन खीझ उठी। पर उसने अपनी खीझ को प्रकट नहीं होने दिया। कुछ दिन तक तो छाती पर पत्थर रख वह काम में अपने मन को लगाये रही। किंतु जैसे जैसे दिन बीतते गए, अपनी खीझ को दबाये रखने में वह असमर्थ होती गई। सबसे अधिक गुस्सा आता था उसे अपनी मां पर। काम करते करते झुंझलाकर वह कहती : ''मरते मरते मर गई, पर मां को समझ न आई। अंत समय तक यही कहती रही कि अपने ससुराल की दीवारों से जाकर सिर टकरा। इसीलिए तूने जन्म लिया है!''

स्वामी के प्रति पतिया के हृदय में जो घृणा थी, उसका अधिकांश मृत मां पर झुंझलाहट उतारने में खर्च होने लगा। एक दिन बैठी बैठी अपने बीते जीवन के बारे में वह सोचने लगी। उसे ठीक ठीक याद नहीं पड़ता कि उसका ब्याह कब हुआ था। हां, अपने गौने की उसे अच्छी तरह याद थी।

पहली रात उसने अपने पति को जिस रूप में देखा था, उसे एक घड़ी के लिए भी वह नहीं भूल पाती थी।

पर यह तो बहुत बाद की बात है। मायका छोड़ते समय पतिया को बहुत दु:ख हुआ था। उसे अच्छी तरह याद था कि मां की छाती से लगकर कितनी देर तक फूट फूटकर वह रोती रही थी। ऐसा प्रतीत होता था कि उसका हृदय टूटकर टुकड़े टुकड़े हो जाएगा। लेकिन भीतर ही भीतर पतिया खुश भी थी। जिस तरह मां ने दिन रात पतिया के अंग अंग की टोह लेना शुरू कर दिया, उससे पतिया घबरा उठती थी। जी में होता था कि भागकर किसी ऐसी जगह पर पहुंच जाए, जहां मां उसका पता तक न पा सके।

मां की इस देखभाल से पतिया उकता गई थी। उसकी कुछ समझ में नहीं आता था कि वह क्या करे। कैसे अपनी मां की नजरों से अपना पीछा छुड़ाये। बात बहुत आगे बढ़ गई थी। कभी कभी तो पतिया सपने में यहां तक देखती कि न न करते भी मां ने उसके बदन का कपड़ा हटा दिया है और उसके अंग अंग को टटोलकर देख रही है। बहुत कोशिश करने पर भी पतिया के मुंह से आवाज नहीं निकल पाती थी। बेबसी की हद थी। आखिर जब नहीं रहा जाता तो पतिया के मुंह से चीख निकल पड़ती : "यह क्या कर रही हो मां...?"

"क्या है, बेटी?" मां पतिया की चीख सुनकर पूछती। पतिया कुछ न बोलती। चुप साधे पड़ी रहती। उसे डर लगता कि कहीं मां सचमुच में उसके पास न चली आए। पड़े पड़े वह अपने कपड़ों को समेटने लगती और गठरी सी बनकर पड़ जाती। इसके बाद सावधानी से टटोल टटोलकर देखती और यदि कपड़ों का कोई ओर छोर या सिरा इधर उधर निकला मिलता तो उसे भी समेटकर बदन से सटा लेती।

पतिया का यह डर यहां तक बढ़ गया था कि वह स्वयं भी अपने शरीर की ओर नहीं देख पाती थी। इतनी बड़ी वह हो गई थी, पर कभी अपने शरीर की ओर देखने का उसे साहस नहीं होता था। नहाने धोने में यदि उसका कोई अंग उघरा दिखाई पड़ जाता तो वह चट से आंखें बंद कर लेती। सबसे अधिक उलझन होती उस समय जब उसकी मां, विरोध करने पर भी, उसके उबटन लगाती, तेल मलती और रोज आंखें गड़ाकर देखती कि उसका बदन कुछ हरा होने लगा है या नहीं!

पतिया को यह बहुत बुरा लगता। गौना होने पर जब वह मायके से विदा हुई तो उसने संतोष की सांस ली कि अब वह निर्विघ्न जीवन बिता सकेगी। इसीलिए एक ओर जहां वह अपनी मां की छाती से लगकर आंसू बहा रही थी, वहां दूसरी ओर मन ही मन उसे खुशी भी हो रही थी।

इसके बाद ही आई वह रात, पहली बार जब पतिया को अपने स्वामी का सत्संग प्राप्त हुआ। पतिया सन्न रह गई, और तब उसने अनुभव किया कि उसकी मां किस कंडे की बनी हुई थी। पतिया को ऐसा लगा कि उसकी मां की आत्मा ही स्वामी के शरीर में प्रवेश कर उसे नंगा नाच नचाने पर उतर आई हो। इसीलिए मां ने उसका विवाह किया था।

पतिया की दशा विचित्र थी। रह रहकर पतिया सोचती कि स्वामी उसकी मां का ही रूप है और उसे फंसाने के लिए ही मां ने उसके साथ उसका विवाह किया है। जितना ही पतिया सोचती, उतना ही अपने स्वामी से उसका मन विमुख होता जाता, और अंत में मां को लक्ष्य में रख वह अपने मन की जलन उतारती। कभी कभी तो वह यहां तक बेचैन हो उठती कि इसी दम जाकर अपनी मां से कहे : "मां, तुमने मेरा ब्याह क्या किया है; मेरी जान सांसत में फंसा दी है। मेरी जगह यदि तुम्हारा उसके साथ ब्याह हुआ होता तो?"

पतिया का सारा बदन जलने लगता। ओंठ फड़कने लगते और उसके हाथों की मुट्ठियां बंध जातीं। आखिर वह दिन आया जब वह अपने पति के घर से भाग निकली और अपनी मां के घर पहुंची। मुश्किल से छः सात महीने रह पायी होगी कि मां की मृत्यु हो गई और अंत समय में भी मां यही कहती गई : "बेटी ससुराल को ही अपना घर समझकर रहना!"

13

ससुराल में पतिया की पहले किसी से पटरी नहीं बैठती थी–न मोहिनी से, न मोहिनी की मां से। किंतु इस बार, मां की मृत्यु होने के बाद, जब वह कमासिन आई तो मोहिनी की मां और मोहिनी ने उसे अपनाने में कोई कसर न छोड़ी। अनेक कारणों में से एक प्रमुख कारण इसका यह था कि तीनों एक ही दु:ख से दुखी थीं। वह यह कि तीनों में से किसी एक को भी ऐसा मरद मानुस नहीं मिला था, जिसे देखकर वे संतोष की सांस ले सकें।

मोहिनी अब पतिया को हर समय घेरे रहती थी। पतिया की वे सब बातें मोहिनी को अच्छी लगती थीं जो कि पतिया की मां के हृदय में खटकती रहती थीं। पतिया के गले में बाहें डालकर मोहिनी कहती : "सच मानो भौजी, परमात्मा ने अपने हाथ से तुम्हारे शरीर को गढ़ा है!"

पहले पतिया मोहिनी की बातें सुनकर चौंक उठती थी। मोहिनी जब उसके गले में बाहें डालने आती थी तो वह पीछे हट जाती थी और जहां तक उससे बनता था, मोहिनी को अपने से दूर रखने का प्रयत्न करती थी। उसे ऐसा प्रतीत होता था कि उसे चिढ़ाने और उसकी हंसी उड़ाने के लिए मोहिनी इस तरह की बातें करती है। किंतु आगे चल कर, धीरे धीरे, पतिया का विरोध कम होता गया और उसे भी कुछ कुछ विश्वास होने लगा कि, सचमुच, उसे गढ़ने में विधाता ने सचमुच अतिरिक्त कौशल का परिचय दिया है।

एक दिन की बात है। मोहिनी पतिया को घसीटती हुई अपनी मां के पास ले गई और बोली : "देखती हो मां, पतिया कितनी अच्छी है। ऐसा मालूम होता है कि परमात्मा ने इसे लड़का बनाते बनाते लड़की बना दिया है!"

मोहिनी की बात सुनकर पहले तो मां खिलखिलाकर हंस पड़ी। फिर कुछ संभल कर बोली : "ठीक कहती है तू। लड़का बनाते बनाते परमात्मा ने पतिया को लड़की बना दिया है।"

कुछ देर रुककर मां ने फिर कहा : "और भाग्य तो देख, इसके पति को परमात्मा ने मानो लड़की बनाते बनाते लड़का बना दिया है।"

"हां मां," मोहिनी ने मां की बात सुनकर कहा, "स्वामी ठीक ऐसा ही है, जैसा तुम कहती हो। तुम्हारी साड़ियां पहनने के लिए वह बुरी तरह मचला करता था। जब मैं नहीं पहनाती थी तो मेरे कपड़े तक फाड़ डालता था। उसका बस चलता तो वह हमें नंगा ही रखता और खुद साड़ियां पहने घूमा करता!"

"मैं तो पहले ही जानती थी," मां ने कहा, "जैसा बाप, वैसा बेटा। लड़की के रूप में ही पैदा हुआ होता तो किसी का घर बसाकर बैठता...!"

एकाएक मोहिनी की मां को अपने पति की याद हो आई। अपने पति को वह कभी आदर की दृष्टि से नहीं देख सकी थी। भीतर ही भीतर उसके हृदय में अपने पति के प्रति असंतोष उमड़ता रहता था। झुंझलाकर पति के मुंह पर ही जाकर कहती : "तुम्हें तो नाहक परमात्मा ने मर्द बनाया है!"

मोहिनी के पिता इसका कोई जवाब नहीं देते थे। मोहिनी की मां उलटी सीधी सुनाती रहती थी और वह हो हो करके हंसते रहते थे। उनकी इस हंसी से मोहिनी की मां के हृदय में और भी आग लग जाती थी।

मोहिनी की मां के हृदय की वह आग अब तक ठंडी नहीं पड़ी थी। उसे ऐसा प्रतीत हुआ मानो उसके पतिदेव स्वर्ग में बैठे अब भी उसी प्रकार हो होकर हंस रहे हैं। बल खाकर वह बोली : "ऐसा आदमी कहीं नहीं देखा। लाज शरम तो उसमें बिल्कुल नहीं रह गई थी। उसकी आंखों के सामने ही मैं ठाकुर रामदीन के यहां जाती थी, और वह आंखों पर ठीकरी रखे देखता रहता था!"

मोहिनी ने देखा कि मां ने अपना पुराना रोना शुरू कर दिया है। पतिया

का हाथ पकड़कर वह खिसकने लगी। दो चार कदम ही गई होगी कि फिर लौट आई। अपनी मां को सम्बोधित कर कहने लगी : "मां इसमें कुछ दोष तुम्हारा भी है। तुमने अपने हाथों ही अपना नाश किया है। आंखें बंदकर तुमने ठाकुर रामदीन का साथ दिया। जब तक रंग रूप रहा, वह तुम्हारे साथ खेलता रहा। अब आंख दिखाता है। तुम्हारी जगह यदि वह मेरे पल्ले पड़ा होता तो मैं ऐसा नाच नचाती कि पुरखे तक तर जाते!"

मोहिनी की मां ने इसका कोई उत्तर नहीं दिया। बस, एकटक मोहिनी और पतिया को साथ जाते देखते रही। पतिया को लेकर मोहिनी स्वामी के कोठे पर पहुंची और उसने एक नया खेल खेलना शुरू कर दिया। स्वामी जब घर से निकला था तो अपने साथ कुछ भी नहीं ले गया था। जो कपड़े पहनकर वह घर से निकला था, उनके अतिरिक्त उसने अपने साथ और कुछ नहीं लिया था।

मोहिनी ने कोठे में जाकर स्वामी के कपड़ों को निकाला। फिर पतिया को अपने पास बुलाकर उसे स्वामी की मखमली पाड़ की धोती पहनायी, स्वामी का कुर्त्ता, उसके गले में डाला, दोनों भौंहों के बीच बिंदी लगायी और फिर कुछ दूर खड़ी होकर पतिया को देखने लगी।

"देखो पतिया," मोहिनी ने कहा, "समझ लो कि तुम हो ठाकुर, और मैं हूं तुम्हारी प्रेमिका। तुम्हें मुझसे प्रेम करना होगा। यह देखो, इस तरह, जैसे मैं बताती हूं..."

इसके बाद मोहिनी ने पतिया को बताना शुरू किया कि प्रेमी बनने के लिए कैसे क्या किया जाता है। ठाकुर साहब से शुरू करके मोहिनी गांव के अन्य आवारा छोकरों की भी नकल करने लगी। इस तरह मोहिनी और पतिया दोनों मिलकर कभी ठाकुर साहब की हंसी उड़ातीं और कभी गांव के किसी अन्य छोकरों की। कभी कभी वह ऐसे लोगों की भी नक्ल उतारा करतीं जिनके बाल तो सफेद हो गए थे, मगर दिल उनका अब तक जवान बना हुआ था!

14

ठाकुर रामदीन सिंह की उमर पचास के करीब होगी, पर शरीर से भरे पूरे थे। किसी प्रकार की शक्तिहीनता नहीं मालूम पड़ती। खूब पालीपोसी देह थी। गोरे रंग पर घी दूध की चिकनाई थी। आंखों से वशीकरण-दृष्टि से देखते थे। मूंछों की आड़ में अपनी रसिकता छिपाकर ओठों से धीरे धीरे प्रकट करते थे। कद ऊंचा था। हाथ मुग्दर के भंजे हुए थे। पैर उनके अखाड़े की मिट्‌टी खाये थे। गरदन पहलवानी के गुद्‌दे खा चुकी थी।

ठाकुर साहब ने तीन ब्याह किये, पर तीनों ब्याहता औरतें ससुराल में आकर कुछ महीने रहीं और फिर स्वर्ग सिधार गईं। यह बात नहीं कि उनकी तीनों पत्नियां रुग्ण रही हों। वे खूब तंदुरुस्त और किसी भी रोग से ग्रसित नहीं थीं। फिर भी ठाकुर रामदीन सिंह के साथ रहकर वे न जाने क्यों चल बसीं। इसके बाद चौथा ब्याह करना चाहते थे, पर जब लोग तीनों पत्नियों के स्वर्ग सिधारने की बात सुनते तो चौंक उठते और अपनी लड़कियां देने से इनकार कर देते। ठाकुर साहब के कोई संतान भी न थी। उनके भाई भतीजे और नाती पोतों का अच्छा खासा परिवार था, पर उनकी अपनी औलाद कोई न थी। मालदार थे, लेकिन इतने नहीं, जितने कि उनकी मालियत का नाम था। दरवाजे पर घोड़ा बंधा रहता था। कई जोड़ी बैल थे। कई हल की खेती होती थी। कुछ जमींदारी भी थी।

बहुत दिनों के बाद ठाकुर साहब ने मोहिनी की मां को बुलाया था।

मोहिनी की मां आई और आकर दरवाजे पर खड़ी हो गई। वह प्रतीक्षा कर रही थी कि ठाकुर साहब की नजर उस पर पड़े तो वह आगे बढ़े।

ठाकुर साहब, इधर से उधर टहल रहे थे। उनका हृदय एक विचित्र उलझन में फंसा हुआ था। टहलते जाते थे और अपने आप कुछ कहते भी जाते थे। उनके मुंह से निकले शब्द अधूरे पूरे से सुनाई पड़ रहे थे। दरवाजे पर खड़ी मोहिनी की मां उनके शब्दों को पकड़ने का प्रयत्न कर रही थी।

"अजब तमाशा है!" ठाकुर साहब कह रहे थे, "आदमी न हुआ मैं हौवा हो गया। लड़कियां देते लोगों की जान सूखती है। अपनी ओर से मैंने किसी बात की कमी नहीं रखी। खाने को भी अच्छा दिया और पहनने को भी। तिस पर भी कोई न जिए तो इसमें मेरा क्या दोष। एक मरी, दूसरी मरी, तीसरी मरी, और अब..."

इसके बाद ठाकुर साहब क्या कह गए, ठीक तरह से सुनाई नहीं पड़ा। मोहिनी की मां के जी में आया कि आगे बढ़कर वह ठाकुर साहब के सामने खड़ी हो जाए, पर रुक गई। ठाकुर साहब की आवाज फिर साफ सुनाई पड़ने लगी थी।

"यह सब कुछ नहीं," ठाकुर साहब कह रहे थे, "गांव में मेरे दुश्मनों की कमी नहीं है। बिना मतलब लोग मुझसे जलते हैं। जहां किसी से ब्याह की बात चली नहीं कि उसे बहका देते हैं। कहते हैं–ठाकुर साहब तो यमदूत हैं। एक छोड़ तीन तीन को खा गए। अब तुम्हारी लड़की पर नजर पड़ी है। परमात्मा ही खैर करे!"

ठाकुर साहब को एक और भी संदेह था। वह यह कि जिन लड़कियों से उनका विवाह हुआ, उनकी मृत्यु में भी कहीं उनके दुश्मनों का हाथ न हो। जहर देने तक की कल्पना ठाकुर साहब करने लगते। इस कल्पना में सत्य का अंश हो चाहे न हो, लेकिन उन्हें बहुत संतोष होता; जब वह इस तरह की बात सोचते : "नहीं तो फिर क्या है जो एक नहीं, दो नहीं, तीन तीन ब्याह किये और एक भी जीती नहीं बची!"

इस समय भी ठाकुर साहब कुछ इसी तरह की बात कहने जा रहे थे कि सहसा उनकी नजर मोहिनी की मां पर पड़ी। देखते ही बोले : "मोहिनी की मां, आओ। तुम तो आजकल ईद का चांद हो रही हो!"

"ईद का चांद होना तो बुरा नहीं," मोहिनी की मां ने कहा, "जब

दिखाई पड़ता है तो साल भर की उदासी पलक मारते दूर हो जाती है। यह मेरा सौभाग्य है जो...''

''क्या बात कही है!'' ठाकुर साहब ने ठहाका लगाते हुए कहा, ''देखते ही उदासी दूर हो जाती है। सच कहता हूं, मोहिनी की मां, यदि तुम न होतीं तो मेरे लिए संसार सूना हो जाता!''

मोहिनी की मां ने कोई उत्तर नहीं दिया। वह चुपचाप ठाकुर साहब की ओर देखती रही। कुछ देर रुककर ठाकुर साहब ने फिर कहना शुरू किया : ''ऐसा जाल फैलाया है लोगों ने कि तीसरी के बाद चौथी का रास्ता ही बंद कर दिया। यह तुम्हारी ही हिम्मत थी मोहिनी की मां जो ऐसे आड़े समय में भी तुमने मेरा साथ न छोड़ा!''

ठाकुर साहब का अब तक इस बात पर ध्यान नहीं गया था कि मोहिनी की मां जब से आई है, तब से खड़ी है। अब जो इधर उनका ध्यान गया तो बोले : ''अरे मोहिनी की मां, तुम अब तक खड़ी हो। बैठो न। आखिर यह मसनद किसलिए है!''

मोहिनी की मां का हाथ पकड़कर ठाकुर साहब ने मसनद पर बिठा दिया। फिर बोले : ''न जाने किस बदली में तुम छिपी रहती हो, मोहिनी की मां! महीनों हो जाते हैं, दिखाई नहीं पड़ती!''

''क्या बताऊं, ठाकुर साहब,'' मोहिनी की मां ने कहा, ''इधर मैं अजब मुसीबत में फंसी रही। बिना कुछ कह सुने पहले तो पतिया घर छोड़ कर चली गई, फिर एक दिन नारायन और स्वामी भी कहीं भाग गए। इसके साथ साथ मैं ऐसी बीमार पड़ी कि बस, राम ही मालिक थे...''

ठाकुर साहब ने मोहिनी की मां की बात को कुछ सुना, कुछ नहीं सुना। असल में उनका ध्यान दूसरी ओर पहुंचा हुआ था। बहुत दिनों से वह मोहिनी की मां से एक बात पूछना चाहते थे। पर अनेक कारणों से पूछते पूछते रह जाते थे। एक हिचक सी थी जो उन्हें अपने मन की बात बाहर रखने से रोकती थी।

''मोहिनी की मां, एक बात मेरी समझ में नहीं आती,'' ठाकुर साहब ने कहना शुरू किया, ''जब तक तुम्हारे पति जीवित रहे, तब तक तो तुम बेरोक टोक आती रहीं। न तुमने दिन देखा, न रात। लेकिन जब से तुम्हारे पति की मृत्यु हुई, तब से तुमने आना भी बंद कर दिया। यह अजब

बात है!"

"आप इसे नहीं समझ सकते," मोहिनी की मां ने कहा और फिर चुपचाप ठाकुर साहब की ओर देखने लगी।

"यह तो टालने की बात हो गई।" ठाकुर साहब ने कहा, "ऐसी इसमें क्या बात है जो मेरी समझ में नहीं आ सकती!"

"क्या बताऊं, ठाकुर साहब," मोहिनी की मां ने कहा, "स्त्री होकर भी मैं अपने हृदय का रहस्य नहीं समझ पाती। आप तो खैर मर्द ठहरे...!"

"तुम भी खूब हो, मोहिनी की मां," ठाकुर साहब ने कहा, "जब तक पति जीवित रहा, तब तक तुम्हें मेरी भी जरूरत रही, जब पति मर गया तो मानो मैं भी मर गया...!"

कहकर ठाकुर साहब अपनी हंसी न रोक सके। अपनी बात को पूरा करते न करते हो होकर हंसने लगे। मोहिनी की मां से यह नहीं सहा गया। सहसा उसे अपने पति की हंसी का ध्यान हो आया। उसका मुंह लाल हो गया, वह तमतमाकर बोली : "मालूम होता है, मेरी हंसी उड़ाने के लिए ही आपने मुझे आज बुलाया है। अच्छी बात है, हंसिए–खूब हंसिए!"

ठाकुर साहब की हंसी पर जैसे पानी पड़ गया। संभल कर फिर बोले : "अच्छा बाबा, तुम जो कहती हो, वही ठीक है। नारी के जीवन का रास रंग–वह जायज हो या नाजायज–सब कुछ उसके पति के जीवित रहने पर निर्भर है।"

ठाकुर साहब की बात सुनकर मोहिनी की मां चुप हो गई। मोहिनी ठीक कहती थी कि स्वयं उसी ने अपने हाथों अपना नाश किया है। पति की मृत्यु के बाद वह मोहिनी की मां पर अपना पूरा अधिकार समझने लगे थे।

"देखो मोहिनी की मां," कुछ देर रुककर ठाकुर साहब ने फिर कहा– "इतने दिन हमें खेल करते हो गए। मैं चाहता हूं कि अब हम तुम और भी गहरे सूत्र में बंध जाएं। इसीलिए मैंने तुम्हें आज बुलाया है।"

मोहिनी की मां प्रश्नसूचक दृष्टि से ठाकुर साहब के मुंह की ओर देख रही थी। उसने कुछ कहा नहीं। चुपचाप ठाकुर साहब की बात के पूरा होने की प्रतीक्षा करने लगी।

"घर में मेरे बाद सम्पत्ति की देखभाल करने वाला कोई नहीं है," ठाकुर साहब ने कहा, "न हो तो मोहिनी का मेरे साथ..."

ठाकुर साहब का यह प्रस्ताव सुनकर मोहिनी की मां चौंक उठी। ठाकुर साहब इतना आगे बढ़ जाएंगे, इसकी उसने कल्पना भी नहीं की थी। एकाएक उसे विश्वास नहीं हुआ कि ठाकुर साहब ऐसा कर सकते हैं।

मोहिनी को लेकर मोहक बातें पहले भी होती रहती थीं। रास रंग की बातें करने के बाद मोहिनी की मां के बालों में उंगुलियों से कंघी करते हुए कहते : "बड़ी सुंदर लग रही हो आज तुम। सच सच बताना, यह सिंगार किसने किया है?"

"मैंने...!" मोहिनी की मां कहती और फिर भेद भरी आंखों से ठाकुर साहब की ओर देखने लगती।

"मैं नहीं मान सकता। यह तो किसी और के हाथों का काम है।"

"न मानें सरकार, मेरे इन हाथों में अब भी..."

"मैं मानता हूं, पर अब ये कुछ..."

मोहिनी की मां के हृदय में जैसे फंदा सा लगता, फिर कुछ संभल कर कहती : "सरकार भी खूब पहचानते हैं।"

"बाल पक गए हैं देखते देखते। इन निगाहों को धोखा नहीं हो सकता...!"

"ठीक कहते हैं, सरकार, आपको धोखा नहीं हो सकता!" मोहिनी की मां निचले ओठ को दांतों से दबाते हुए कहती–"मैं जब चलने लगी तो मोहिनी ने कहा–सरकार से मिलने जाती है मां, मैं सिंगार कर दूं।"

इसके बाद ठाकुर साहब को ऐसा प्रतीत होने लगता मानो मोहिनी की मां नहीं, वरन् स्वयं मोहिनी को उन्होंने पा लिया हो। मोहिनी की मां भी हृदय में जलन और ओठों पर हंसी लिए ठाकुर साहब का साथ देती। मोहिनी की मां की आंखें उस समय जैसे कहती प्रतीत होतीं।

"ठीक कहते हैं, सरकार! आपको कभी धोखा नहीं हो सकता!"

मोहिनी की मां जानती थी कि इस तरह अधिक दिन नहीं चल सकता, एक न एक दिन तोड़ होकर ही रहेगा। मन ही बात को चाहे जितना दबाकर रखो, वह बाहर आए बिना नहीं रहती। अनेक बार ऐसा हो चुका था। मोहिनी की मां और ठाकुर साहब के मेल में अब वह पहले जैसी मिठास नहीं रह गई थी। मिठास से अधिक कड़वाहट ही सामने आती थी, और इसके बाद...

आज भी ऐसा ही हुआ। ठाकुर साहब ने जब देखा कि मोहिनी की मां

का मुंह तमतमा उठा है तो अपने को रोक लिया। फिर मोहिनी की मां के और निकट खिसकते हुए उन्होंने कहा : "तुम बहुत पीली पड़ गई हो, मोहिनी की मां!"

"बताया न आपसे, मैं बीमार पड़ गई थी और..."

मोहिनी की मां ने पहले कही गई बातों को फिर से दोहरा दिया। ठाकुर साहब का ध्यान दूसरी ओर था, इसी से पहली बार मोहिनी की मां की बातों को कुछ नहीं सुना था। बीमारी की बात सुनकर मोहिनी की मां की ओर इस तरह देखने लगे मानो कह रहे हों : "अच्छा, तुम बीमार पड़ गई थीं!"

कुछ देर तक ठाकुर साहब इसी भाव से मोहिनी की मां की ओर देखते रहे। फिर बोले : "मालूम होता है, तुम्हारे ओठों की लाली किसी ने चुरा ली है।"

"चुरा नहीं ली है," मोहिनी की मां ने कहा : "मैंने खुद ही दे दी है।"

"किसे...?"

"जानते तो हैं, सरकार!" कहते कहते मोहिनी की मां के ओठों पर मुस्कराहट खेल गई," "मेरी चीज पर सिवाय मेरी बेटी के और किसका अधिकार हो सकता है।"

"यह तो पूरी ठगई है, मोहिनी की मां..."

"ठगई!" मोहिनी की मां ने बीच में ही बात काट कर कहा : "न न, ठाकुर साहब, आपके साथ ठगई मैं नहीं करूंगी!"

ठाकुर साहब मोहिनी की मां की ओर इस तरह देखने लगे मानो उनकी कुछ समझ में नहीं आ रहा था कि वह क्या कह रही है।

"सच कहती हूं, सरकार!" मोहिनी की मां ने कुछ रुककर फिर कहना शुरू किया : "अगर आप चाहें तो मोहिनी को आपके कदमों पर लाकर डाल सकती हूं, और इसके बाद मोहिनी के बाल जब पकने लगें तो...!"

जिस बात को मोहिनी की मां इतने दिनों से अपने मन में दबाकर रखने का प्रयत्न करती आ रही थी, आखिर वह प्रकट हो ही गई। ठाकुर साहब को ऐसा मालूम हुआ मानो जलते अंगारे पर उनका पांव पड़ गया हो। तमक कर बोले : "यह क्या बक रही हो, मोहिनी की मां! अपनी जबान बंद करो! मैं

इतना नीच नहीं हूं जितना कि तुम मुझे...!''

''नहीं नहीं, आप नीच क्यों होने लगे,'' मोहिनी की मां का सारा शरीर एक अंगारा बन चला था, ''नीच तो मैं हूं जो...!''

ठाकुर साहब से दो टूक बातें करने के बाद मोहिनी की मां जब अपने घर पहुंची तो मोहिनी और पतिया की बातों की कुछ भनक उसके कानों में पड़ी। एक ओर ओट में खड़ी होकर मोहिनी की मां दोनों की बातें सुनने लगी।

''इसी तरह कब तक चलेगा,'' पतिया कह रही थी, ''घर में नाज का एक दाना तक नहीं है। हमें कुछ न कुछ करना चाहिए।''

मोहिनी कुछ क्षण एकटक पतिया की ओर देखती रही। फिर माथे में बल डालकर बोली : ''क्या करोगी, भौजी, मैं भी तो कुछ सुनूं।''

''यदि और कुछ नहीं तो दो चार घर चौका बासन...''

''चौका बासन!'' मोहिनी ने पतिया की बात बीच में ही काटते हुए कहा, ''सच कहती हूं, भौजी, चौका बासन करते करते मर जाओगी, फिर भी तुम्हें इतना नहीं मिलेगा जो...''

पतिया कुछ इस तरह मोहिनी की ओर देखने लगी कि एक ही सांस में मोहिनी अपनी बात को पूरी नहीं कर सकी। कुछ संभल कर वह फिर बोली, ''यकीन हो तो आजमाकर देख लो। चौका बासन करके तुम इतना भी न पा सकोगी जितना कि मैं दो चार बार इधर से उधर आंखें मटकाकर...''

मोहिनी की मां ने एक'एक सामने आकर मोहिनी की बात का जैसे गला घोट दिया। एक बार मां के जी में आया कि पतिया और मोहिनी दोनों को बुलाकर साफ साफ बातें समझा दे। पर फिर कुछ सोचकर चुप रह गई।

रात भर मोहिनी की मां को नींद नहीं आई। पड़े पड़े वह तरह तरह की बातें सोचती रही। अपने आप में वह चाहे जैसी रही हो, पर यह वह कभी नहीं चाहती थी कि मोहिनी भी उसी के रास्ते पर चलकर उसी की तरह ठोकर खाये। बहुत कुछ उसने सोचा, पर उसकी यह समझ में न आया कि मोहिनी आग के साथ खेलना तो चाहती है, मगर सोचती यह है कि चाहे जो हो उसका, हाथ कभी नहीं जले!

15

पतिया दो घरों में पानी भरने का काम करने लगी। एक घर में चौका बासन की नौकरी मिल गई। इस तरह कुल तीन जगह उसे काम करना पड़ता था। इसके अलावा अपने घर का पूरा काम भी वही करती थी। मोहिनी की तो दुनिया ही दूसरी थी। सास से कुछ होता न था। सारी जिम्मेदारी पतिया के ऊपर आ पड़ी, जैसे उसी के द्वारा उद्धार होना हो। उसमें भी न जाने कहां की शक्ति आ गई थी। उसे खुद अपने ऊपर ताज्जुब होता था कि वह कैसे इतना सब कर लेती है।

पतिया की मेहनत से घर फिर सुधर चला। साफ सुथरा रहने लगा। सबेरे पतिया सबसे पहले उठकर घर में झाड़ू लगाती। रस्सी कंधे पर डाल और घड़ा बगल में दबा कुएं से पानी भर लाती। बरतन वगैरह मांजती। बकरियों की देखभाल करती। उनकी मीगनियों के ढेर को डलिया में भरकर घूरे पर फेंक आती। चूल्हे को ठीक करती। गुर्सी में आग जलाती। यही सब करते करते सूरज की किरणें खपरैल पर फैल जातीं, और घर में उजाला भर जाता।

पतिया ने घर को संभाल लिया। मोहिनी की मां इससे बहुत खुश थी। ठाकुर साहब से अलग हो जाने के बाद मोहिनी की मां भी घर के काम धंधे की ओर अधिक ध्यान देने लगी थी। उसे कुछ ऐसा मालूम होता था कि यदि वह अपनी सारी शक्तियों को बटोरकर नहीं चलेगी तो कहीं की न रहेगी।

पतिया भी ऐसा ही समझती थी। इसी से मोहिनी की मां और पतिया एक दूसरे के निकट आ गईं। मोहिनी को यह अच्छा नहीं लगा। घर में वह अब और भी नहीं टिकती थी। उसका बाहर घूमना दिन दिन बढ़ता जा रहा था।

पतिया के साथ मोहिनी की अब अधिक नहीं पटती थी। इसका अवसर भी नहीं मिलता था। मोहिनी चाहती थी कि पतिया हर घड़ी उसके बनाव सिंगार में हाथ बंटाया करे, पर पतिया को काम से फुरसत न मिलती थी।

''तुम तो चौका बासन की होकर रह गईं, भौजी!'' जब कभी प्यार उमड़ता तो पतिया के दोनों कंधों पर हाथ रखकर मोहिनी कहती।

''आखिर घर में कोई ऐसा भी तो हो जो...''

बीच में ही बात काटकर मोहिनी कहती : ''जाओ, भौजी, तुम भी यों ही रहीं। तुमसे कुछ नहीं होने का...''

पतिया इसका कुछ उत्तर नहीं देती। कुछ देर चुप रहने के बाद मोहिनी फिर कहती : ''ठीक, अब मेरी समझ में आया भौजी कि...?''

''क्या समझ में आया...?'' पतिया अचकचाकर पूछती।

''यही कि भैया घर का मोह छोड़कर क्यों भाग गए? आखिर तुम्हें लेकर वह करते भी क्या...?'

मोहिनी को ऐसा लगता कि पतिया कभी चौका बासन से ऊपर उठकर नहीं देखेगी। वह जैसे नहीं जानना चाहती कि चौका बासन के अलावा दुनिया में और कुछ भी है। मोहिनी की चिढ़ यहां तक बढ़ जाती कि वह घर पर खाना तक न खाती। कहती : ''चौका बासन की कमाई से मैं अपना पेट नहीं भरूंगी–चाहे मर भले ही जाऊं!''

मोहिनी के रंग ढंग मां को जरा अच्छे नहीं लगते। रह रहकर वह यही सोचती कि किसी तरह मोहिनी को उसके ससुराल भेज सके तो अच्छा हो। मोहिनी से जब कभी वह ऐसा कहती तो वह कुएं में डूब मरने की धमकी देती। कहती : ''मैं सब कुछ कर सकती हूं, पर वहां मैं नहीं जा सकती।''

एक बात और भी थी। मोहिनी के ससुराल से भी उसे लिवाने के लिए कोई नहीं आ रहा था। मां को चुप करने के लिए मोहिनी जहां और बहुत सी बातें कहती, वहां यह कहना भी न भूलती : ''तुम तो मुझे घर से बाहर

निकालने पर तुली हो, मां! आखिर वह कैसे हैं, जो खोज खबर तक नहीं लेते!''

कुछ देर ठहरकर मोहिनी फिर कहती : ''और फिर मैं तुमसे न खाने को मांगती हूं, न पहिनने को। दो घड़ी घर में रहना भी न सुहाता हो तो अच्छी बात है, काला मुंह करके जहां मुझसे बनेगा, चली जाऊंगी!''

मोहिनी की मां से कुछ कहते नहीं बनता था। मोहिनी की बातें सुन वह भीतर ही घुटकर रह जाती थी।

एक दिन की बात है। मोहिनी न जाने कहां से दूध मांग कर ले आई। पतिया के पास आकर कहने लगी : ''भौजी, यह लो दूध। आज खीर बनेगी।''

मोहिनी की मां ने जो यह सुना तो उससे न रहा गया। तमतमाकर मोहिनी से पूछा : ''कहां से लायी है यह दूध–?''

''कहां से लायी हूं, तुम्हें इससे क्या मतलब!'' मोहिनी ने कहा : ''तुम्हें अच्छा न लगे तो मत खाना खीर!''

मोहिनी को कोई उत्तर न दे पतिया से मां ने कहा : ''खबरदार, जो चूल्हे पर इसे चढ़ाया तो। जा, इसी वक्त घूरे पर फेंक कर आ।''

पतिया दरवाजे की ओर बढ़ी ही थी कि बाहर से किसी ने पुकारा : ''स्वामी भैया!''

पतिया जाते जाते ठिठक गई। बोली : ''कोई आया है।''

मोहिनी की मां ने पूछा : ''कौन है?''

उत्तर मिला : ''हम हैं, स्वामी के बहनोई।''

एक क्षण के लिए मोहिनी, पतिया और मोहिनी की मां धक् से रह गई–मानो अनहोनी बात हो गई हो, फिर कहा : ''भीतर चले आओ।''

मोहिनी की मां खाट पर बैठ गई। एक मामूली कद का आदमी आंगन में आकर खड़ा होकर इंतजार करने लगा कि सास उठे तो वह पलंग पर बैठे।

सास ने कहा : ''आओ, बैठो। अभी आ रहे हो क्या?''

''हां, गांव से अभी आ रहा हूं,'' बैठते हुए उसने कहा।

''सब अच्छी तरह हैं?''

''हां।''

''बहुत दिनों पर आए, लाला, तुम तो हम सबको जैसे भूल ही गए!''

"हां, बहुत दिन हो गए। इसी से सोचा कि चलो, मिल आऊं।"

"अच्छा तो बैठो। मैं अभी आई।" मोहिनी की मां ने कहा और उठकर भीतर चली गई। मोहिनी और पतिया पहले ही खिसक गई थीं। भीतर पहुंचकर मोहिनी की मां ने पतिया से कहा : "देख तो, मेहमान के लिए दूध गरम कर देना...न हो तो खीर ही बना लेना!"

मोहिनी भी वहीं थी। मां की बात सुनकर वह जलभुन गई। तीखी आवाज में बोली : "यह नहीं हो सकता। मेरे दूध को कोई हाथ नहीं लगा सकता!"

"कोई बात नहीं। वसूल कर लेना सब अपने पति से!" मां ने कहा और कहकर चली गई।

मां के जाने के बाद पतिया का मुंह खुला। मोहिनी को कोंचने का मौका देखकर उसने कहा : "बड़े भाग्यवान् हैं। इतने अच्छे मुहूर्त में आए हैं कि "

"जरूर, खाने को खीर मिलेगी न!" मोहिनी ने पतिया की अधूरी बात को पूरा कर दिया।

रात को मां ने मोहिनी को समझाना शुरू किया। उसने अपने मन में सोच लिया था कि चाहे जो हो, मोहिनी को इस बार वह भेजकर ही रहेगी। पाल पोसकर इतना बड़ा कर दिया। अब जाकर अपने घर रहे।

पहले तो मोहिनी ना नुकर करती रही। बिगड़ी और झुंझलायी भी बहुत। पर मां ने पीछा न छोड़ा। आखिर तंग आकर मोहिनी ने कहा : "अच्छी बात है। तुम्हें मुझे कुएं में ही धकेलना है तो यही सही। मैं चली जाऊंगी।"

मां को एकाएक विश्वास नहीं हुआ। एक बार फिर सुनने के लिए उसने पूछा : "हां हां, चली जाऊंगी," मोहिनी ने कहा– " यकीन न हो तो कसम खाकर कहूं..."

"न न, मोहिनी," मां ने कहा, "मुझे तेरा यकीन है। तू जो कहती है, उसे करके रहती है। यह मैं जानती हूं।"

इसके बाद मां ने मोहिनी को इस तरह दुलारना शुरू किया मानो वह छोटी सी बच्ची हो और उसे अपने घर से ससुराल के लिए विदा करने की बात ने हृदय को अत्यधिक व्यथित कर दिया हो। इतने प्रेम से मां ने मोहिनी

को अपने हृदय से लगाया मानो इसके बाद उससे फिर कभी मिलना न हो सकेगा।

तीसरे दिन अंधेरेमुंह मोहिनी को विदा करना तय हुआ। दो दिन तक मोहिनी बड़े ढंग से रही। उसने ऐसी कोई बात नहीं की जिससे मां को चिंता हो या उसकी ओर कोई उंगली उठाये। विदा की तैयारी बिना किसी बाधा के होने लगी।

विदा की रात मोहिनी और मां दोनों बहुत देर तक बातें करते रहे। बातें करते करते आखिर मोहिनी की मां ने कहा : "अब सो जा। अंधेरेमुंह चलना है।"

मोहिनी की मां की आंखें झपकाना ही आफत हो गया। मोहिनी उठी और चुपचाप गायब हो गई। मां ने जब आंखें खोलीं तो धक् से रह गई। पहले तो प्रतीक्षा करती रही कि मोहिनी यहीं कहीं होगी। अपने आप आ जाएगी। किंतु प्रतीक्षा करने पर जब न आई तो अंत में हारकर उसके पति से कहा : "बड़ी पागल लड़की है। न जाने कहां जाकर छिप रही। तुम अब जाओ। मैं खुद उसे पहुंचा दूंगी।"

बाद में पता चला कि मोहिनी ठाकुर साहब के यहां पहुंच गई है।

मां ने सुना तो माथा ठोंककर रह गई!

16

मोहिनी के अपना घर छोड़कर ठाकुर साहब के यहां चले जाने के बाद मोहिनी की मां ने बाहर निकलना बंद कर दिया। उसे ऐसा मालूम होता था कि मोहिनी ने उसे कहीं मुंह दिखाने लायक नहीं छोड़ा है। होने को तो मोहिनी की मां गांव में पहले भी बदनाम थी। जिधर निकलती थी, उसकी ओर उंगलियां उठने लगती थीं। गांव के लोग अपने घर की औरतों को उसकी परछाईं से दूर रखते थे। किंतु मोहिनी की मां ने इन सब बातों की कभी परवाह नहीं की। सब कुछ होते हुए भी उसकी आत्मा इतनी नीचे नहीं गिरी थी कि वह सिर तक न उठा सके, चोरों की तरह केवल अंधेरे में ही बाहर निकले।

पहले की बात ही और थी। लोगों के कहने सुनने की मोहिनी की मां को जरा भी परवाह नहीं थी। वरन् जितना ही लोग कानाफूसी करते, उसकी ओर उंगलियां उठाते, उतना ही अधिक मोहिनी की मां सिर उठाकर चलती। उठी हुई उंगलियां उठी रह जातीं, और मोहिनी की मां जैसे सब की छाती को रौंदती निकल जाती।

पर अब वैसी बात नहीं थी। पहले जितना अधिक सिर उठाकर मोहिनी की मां चलती थी, अब उतना ही अधिक उसका सिर नीचा हो गया था। अपने 'पाप' को मोहिनी में फलता और इस तरह प्रकट होता देख उसके पांव तले की धरती जैसे खिसक गई थी। उठते बैठते, दिन रात, अपने भाग्य को

कोसते रहने के सिवाय मोहिनी की मां के लिए जैसे अब और कोई काम नहीं रह गया था।

पतिया की अवस्था और भी विकट थी। सास के चौबीसों घंटे रोने धोने और कोसने से वह तंग आ गई। मोहिनी के जाने के दो चार दिन बाद तक अपनी सास की सेवा टहल में उसने कोई कसर न उठा रखी। किंतु लाभ इससे कुछ नहीं हुआ। मोहिनी की मां जब यंत्रवत् रोना और अपने भाग्य को कोसना शुरू करती तो पतिया के मन में यही होता कि सब कुछ छोड़कर वह भी कहीं भाग जाए। अकेली जान तो उसकी है ही, जहां जाएगी, मेहनत मजदूरी करके अपना पेट भर लेगी। लेकिन दूसरे ही क्षण फिर कुछ सोचकर अपने सिर को वह झटक देती और इस तरह के विचारों को अपने दिमाग से दूर कर देती।

कभी कभी, फुरसत मिलने पर, वह अपने पछौहां गांव की भी याद कर लेती। वहां की दशा पर उसे रुलाई आती। अनायास ही क्या से क्या हो गया। उस रात अपनी मां के साथ खेत पर सोने क्या गई, एक आफत हो गई। उल्लू की बोली का अब भी जब कभी पतिया को ध्यान आता तो उसका हृदय कांपकर रह जाता।

मंझली की याद भी पतिया को कम न आती। चलते समय उससे मिल न सकी, इसका पतिया को दुख था। न जाने मंझली क्या समझती होगी। अजब है वह भी। अपने आदमी को इतना बुरा भला कहती है मानो उसका मुंह तक न देखना चाहती हो। लेकिन यह सब तो जैसे ऊपर की बातें थीं। कहने को तो मंझली यही कहती कि उसका पति बहुत बुरा है। जब मारने लगता है तब यह नहीं सोचता है कि कहां हाथ पड़ता है, कहां नहीं। फिर भी मंझली के मन में लड्डू फूटते रहते। वह जितना मारता, उतना ही वह उसे प्यार करती। कौन जाने, जिसे प्यार करने का अधिकार है, उसे मारने का भी अधिकार हो, और...

मंझली के पति में ऐसी क्या बात है, पतिया जानने और समझने का प्रयत्न करती, पर कुछ समझ न पाती। वह मंझली से जानना चाहती, पर मंझली उसके चिकोटी काटकर रह जाती। वह उसे कुछ नहीं बताती, उल्टे बातें बनाने लगती। कहती : "देख, बहुत बातें न बना। मैं सब समझती हूं। ऊपर से तो पति की निंदा करना, और फिर एक दिन, बिना मिले ही,

चुपचाप ससुराल खिसक जाना। पति के पीछे मुझसे मिलना तक भूल गई, और अब बातें ऐसे बनाती है मानो...!"

दिन में पतिया को काम से ही फुरसत नहीं मिलती। रात का समय ही ऐसा होता, जब उसे दम लेने की फुरसत मिलती। अपनी खाट पर लेटकर वह तरह तरह की बातें सोचती। मोहिनी जब तक घर में रही, भूले भटके भी उसे अपने पति की याद न आती, किंतु मोहिनी के जाते ही पति की चिंता उसे सताने लगी। पतिया बहुतेरा सोचती, अपने हृदय को टटोलकर देखती, पर कुछ समझ न पाती कि पति का ध्यान रह रहकर उसे क्यों आने लगा है?

यों अपने हृदय में पतिया किसी प्रकार के अभाव का अनुभव नहीं करती। लेकिन इसका कारण यह नहीं था कि पतिया को ऐसा प्रतीत नहीं होता कि उसके हृदय का कोई कोठा सूना है जिसे भरने के लिए उसे अपने पति की जरूरत हो। पेट की भूख का अनुभव वह अवश्य करती थी, और इसके लिए हाड़तोड़ मेहनत भी वह करती थी। उसे अपने हाथ पैरों पर भरोसा था और वह जानती थी कि जहां भी वह रहेगी, अपने लिए दो जून रोटियां वह पा ही लेगी।

पतिया के हृदय में पति के लिए कोई स्थान नहीं था। वह जानती थी कि उसका पति यदि लौट आवे तो भी वह उसके साथ नहीं रह सकेगी। बात कुछ और ही थी। पति के बारे में जो बहुत सी बातें अब पतिया के हृदय में उठती थीं, उनमें एक विशेष प्रकार की चिंता ही अधिक उभड़ कर आती थी।

रह रहकर वह सोचती :

न जाने वह कहां होगा?

क्या करता होगा?

पता नहीं, उसकी गुजर कैसे होती होगी?

वह दु:ख में होगा कि सुख में?

यहां जैसे ही रंगढंग अगर अब भी उसके हुए तो...?

सोचते सोचते पतिया अचकचाकर रह जाती। उसे बड़ा अटपटा लगता कि यह सब वह क्या सोचने लगी। आदमी चाहे तो क्या नहीं कर सकता। वह स्वयं जब हाथ पांव हिलाकर दो रोटियों का इंतजाम कर लेती है तो वह भी कुछ न कुछ करता ही होगा। बेमतलब वह परेशान हो रही है। दिनभर काम करती है। रात को भी इन सब बातों के पीछे सोना छोड़ देगी तो कैसे

बनेगा। हड्डियों को कुछ देर तो आराम मिलना चाहिए। उसे क्या करना है। पति आए तो भला, न आए तो भला। हां, आ जायें तो सास के जी को कुछ ढारस बंध सकती है, नहीं तो...!

इसके बाद एक झटके के साथ इन सब बातों को अपने दिमाग से दूरकर वह सोने का उपक्रम करने लगती। धीरे धीरे रोज का काम करना और रात को सोकर हड्डियों की थकान मिटाना, यही पतिया का जीवन था।

किंतु विधाता को जैसे यह भी मंजूर नहीं था।

पतिया के जीवन का तार कुछ कुछ बंध चला था कि एक दिन उसके पति ने एकाएक आकर फिर से अशांति का संचार कर दिया।

17

पहली झलक में स्वामी अब पहचाना नहीं जाता था, लेकिन नजदीक से देखने में भ्रम नहीं होता था।

उसका पहनावा एकदम साहबी ढंग का था। सिगरेट पीने लगा था। न वह मखमली धोती थी, न वह कुरता। एक घुटन्ना, उसके नीचे मोजा जूता, ऊपर कमीज कोट और उस पर पुरानी गोल टोपी।

इस पहनावे ने उसकी शक्ल बदल दी थी। शरीर से कुछ दुबला जरूर पड़ गया था, पर कमजोर नहीं हुआ था।

घर में जब उसने पांव रखा, उस समय सांझ हो आई थी। वह साथ में कोई सामान न लाया था। मां ने उसे सबसे पहले देखा और कुछ देर एकटक देखती रही। फिर दौड़कर गले से लगा लिया। सुख की लहर बहने लगी। मां ने अपने इतनी उमर वाले बेटे को उसी तरह गोद में बिठा लिया जैसे वह चार पांच साल का बालक हो। उसकी टोपी उतार डाली। गालों पर हाथ फेरते हुए उसका मुंह चूम लिया। और बड़े प्यार से कहने लगी : ''इस तरह नाराज नहीं हुआ जाता। इतना बड़ा हो गया तुझे समझ नहीं आई। मेरा दिल रोज तेरे लिए तड़पता अकुलाता था। मैं रोज तेरा इंतजार करती थी, और गहरी उसांस छोड़ निराशा से दरवाजा बंद कर लेती थी। तेरी गैरहाजिरी में बहुत कुछ हो गया। मैं बीमार पड़ी। खाने को लाले पड़े। बकरियां भूखी रहने लगीं। घर में कोई मर्द न रहा। तरह तरह की परेशानी होने लगी। तूने खबर तक न ली।

तेरा कुछ पता न चला कि क्या करता है, कहां रहता है। बोलेगा भी, या ऐसे ही गुमसुम बैठा रहेगा? कपड़े तो देखो, एकदम साहब मालूम होता है। ये सब कहां से पाये? और नारायण–तुझे उसका भी कुछ पता है?''

स्वामी बोला : ''कोई खास जगह मेरे रहने की नहीं। जब जहां रहना पड़ता है; वहीं रहता हूं। जब से यहां से गया, बस घूमता ही रहा। एक जगह कहीं नहीं टिका। काम ही ऐसा है। एक जगह रहकर नहीं हो सकता। बड़ी बड़ी दूर जाना पड़ता है। आमदनी भी खूब होती है...''

''अरे, मैं भी कैसी पगली हूं,'' बीच में ही बात काटकर मां ने कहां, ''तुझे देखकर मेरी सुधबुध ही जाती रही। जब से आया है; ऐसे ही बैठा है। न कपड़े उतारे, न कुछ। उठ, कपड़े वपड़े उतार। कुछ खा पी ले। दुलहिन, थाली परोस!''

मां ने मिट्टी के घड़े को नवाकर लोटे में पानी दिया। स्वामी ने हाथ पैर धोये और खाना खाने लगा। उसकी निगाह बार बार पतिया के ऊपर पड़ रही थी। पतिया को वह इस तरह देख रहा था जैसे आंखों ही आंखों में उसे लील जाएगा।

पतिया का बस चलता तो वह उठकर रसोई से भाग जाती, पर यह सम्भव नहीं था। उसकी सास भी वहां आ गई थी। बड़े ध्यान से वह स्वामी को देख रही थी। जब उसने देखा कि स्वामी की थाली खाली पड़ी है और पतिया का इस ओर ध्यान नहीं है, तो बोली : ''देखती नहीं दुलहिन, थाली खाली पड़ी है। इतने दिनों बाद तो यह आया है, इस तरह इसे भूखा मारेगी तो यह फिर भाग जाएगा!''

''हां मां, भागूंगा तो मैं जरूर,'' स्वामी ने कहा, ''लेकिन इस बार साथ में तुम सबको भी भगाकर ले जाऊंगा!''

स्वामी की यह बात सुनकर मां कुछ अचकचा गई। खोयी सी आंखों से स्वामी की ओर देखने लगी।

स्वामी ने कुछ संभल कर कहा : ''इस तरह क्या देख रहा हो, मां? तुम डरो नहीं। इस बार हम तीनों एक साथ भागेंगे!''

स्वामी जब खाना खा चुका तो मां ने उसके हाथ धुलाये और दोनों मां बेटे एक साथ बैठ कर बातें करने लगे। बातें करते करते स्वामी अपने चारों ओर इस तरह देखने लगा मानो कोई खोयी हुई चीज ढूंढ रहा हो। कुछ क्षण

देखने के बाद उसने पूछा : "मां, मोहिनी नहीं दिखाई पड़ती। क्या ससुराल चल गई है?"

स्वामी का यह प्रश्न सुनकर मां को ऐसा लगा जैसे किसी ने औचक में उसे ऊपर से नीचे धक्का दे दिया हो। मोहिनी की याद जब कभी भी मां को आती थी तो ऐसा मालूम होता था मानो उसके जीवन का सम्पूर्ण कलुष मूर्तिमान होकर उसकी आंखों के सामने खड़ा हो। आंतरिक घृणा से मां अपनी आंखें बंद कर लेती।

इस समय भी ऐसा ही हुआ। स्वामी का प्रश्न सुनकर जैसे उसकी सम्पूर्ण चेतना लड़खड़ा गई। अनायास जी में आया कि कहे–भाड़ में जाए मोहिनी, पर फिर संभल कर रुक गई। एक क्षण स्वामी की ओर देखने के बाद बोली : "मोहिनी की बात अभी रहने दे। पहले अपना हाल चाल बता। इतने दिनों बाद तू आया है। कह तो सही, कहां कहां रहा?"

"मैं सब जानता हूं मां," स्वामी ने कहा, "मोहिनी के बारे में सब मालूम हो चुका है। गांव में जब मैंने पांव रखा तो मेरा पहनावा देख कुछ का ध्यान मेरी ओर आकर्षित हुआ। रूप रंग कुछ बदल गया है, इससे लोग पहचान न सके। तुम्हारे घर की ओर आता देख उनकी उत्सुकता और बढ़ी। लगे कानाफूसी करने और उंगलियां उठाने। उन्हें तो इन्हीं सब बातों में मजा आता है। समझे, कोई नया शिकार तुमने फंसाया है। जी में तो आया कि उनका मुंह नोच लूं, लेकिन..."

कहते कहते स्वामी रुक गया और अपनी मां को एकटक देखने लगा। कुछ देर बाद फिर बोला : "लेकिन घर पहुंचते पहुंचते एक ने मुझे पहचान लिया। टोकते हुए बोला : 'अरे स्वामी, भैया, तुम तो पूरे साहब बन गए हो। पहचाने तक नहीं जाते!' इतना कहने के बाद सबसे जरूरी खबर जो उसने पहले पहल सुनाई वह थी मोहिनी के भागने की!"

अगर धरती फट जाती तो स्वामी की मां, बिना किसी दुविधा के, इस समय उमसें समा जाती। पर यह होने को नहीं था। धरती की जगह उसका हृदय फटने की तैयारी करने लगा। उसे ऐसा प्रतीत हुआ मानो उसका दम घुट रहा हो। कनपटी की नसें तकतक करने लगीं।

"बहुत बड़े बनते हैं ये लोग," स्वामी कह रहा था, "लेकिन तुम देखना मां, उनके घरों से कितनी मोहिनियों को बाहर निकालकर मैं ठिकाने

लगाता हूं।''

कुछ देर दोनों चुप रहे। स्वामी जैसे कोई बहुत दूर ही और बहुत बड़ी बात सोच रहा था। उसकी मां अपने को संभालने का प्रयत्न कर रही थी। उसका जी अब कुछ कुछ संभल चला था, और वह स्वामी की बातों का मतलब समझने का प्रयत्न कर रही थी।

''मोहिनी ने अच्छा किया जो भाग गई,'' स्वामी ने फिर कहना शुरू किया, ''मैंने भी यही काम करना शुरू किया है। गरीब घरों की लड़कियों को भगाकर अमीरों के यहां पहुंचा देता हूं। न सही उमर भर, कुछ दिन तो राजरानी की तरह वे वहां सुख से रह पाती हैं?''

मां अभी तक ठीक ठीक समझ नहीं पा रही थी कि स्वामी कह क्या रहा है। एक आध बार जी में आया कि टोककर अच्छी तरह पूछे, पर फिर यह सोचकर रह गई कि ऐसा करना ठीक नहीं। मां को डर था कि जाने वह खुल कर बताये या नहीं। इसलिए उसने मन में तय किया कि पतिया को वह सब बातें समझा देगी। और बाद में पतिया से सब बातें मालूम कर लेगी।

''सच कहता हूं मां,'' स्वामी ने अपनी बात पूरी करते हुए कहा, ''इस काम में मुझे पैसा भी खूब मिलता है। अब तुम लोगों को कोई कष्ट नहीं होगा।''

स्वामी की यह अंतिम बात ऐसी थी जो पूरी तरह मां की समझ में आ गई। कहने लगी : ''मेरा क्या है बेटा, मेरी उम्र तो जैसे तैसे कट गई। एक पतिया की मुझे फिकर है। जब से इस घर में आई है–उसने न जाना कि सुख क्या होता है। तूने भी उसकी ओर कोई ध्यान नहीं दिया...''

''उसके बारे में मैंने सब सोच लिया है मां,'' स्वामी ने बीच में ही कहा : ''अब तक जो हुआ, उसे छोड़ो। आगे के लिए मैं ऐसा प्रबंध कर दूंगा कि वह राजसुख भोगे!''

स्वामी बहुत देर तक राजसुख की बातें करता रहा। ऐसा प्रतीत होता था मानो राजसुख भोगना या न भोगना उसके बायें हाथ का खेल हो। उसके मुंह से जितनी बातें निकली थीं, वे सब राजसुख में डूब उतरा रही थीं।

''अच्छा तो बेटा,'' अंत में मां ने कहा, ''पतिया इतनी देर से अकेली बैठी कुढ़ रही होगी। जाऊं, जरा उसके बाल वाल संवार दूं। न जाने कब से उसके बालों ने चिकनाई का मुंह नहीं देखा।''

स्वामी उठकर अपने कोठे में चला गया। मां पतिया के बाल संवारने लगी। साथ में बहुत सी बातें भी समझाती जाती थी। बाल संवारने के बाद कुछ देर एकटक वह पतिया की ओर देखती रही। फिर बोली : "जा दुलहिन, जरा समझ से काम लेना। कहीं ऐसा न हो कि उलटी सीधी बातें करने लगे।"

फिर पतिया का हाथ पकड़कर मां ने उठाया और राजसुख भोगने के लिए उसे स्वामी के कोठे तक छोड़ आई।

पतिया ने भीतर प्रवेश किया और एक जगह जाम होकर इस तरह खड़ी रह गई मानो उसे काठ मार गया हो!

18

स्वामी अपनी मां से जी खोलकर बातें नहीं कर सका। यह वह चाहता भी नहीं था कि अपनी मां को कुछ बताये। इसीलिए मां जब कुछ पूछती तो अधूरे पूरे उत्तर देकर वह टाल जाता। ऐसा प्रतीत होता जैसे मां को अंधकार में रखने में उसे कुछ सुख प्राप्त हो रहा हो। इस समय भी अपने कोठे में खाट पर लेटे लेटे मां की बेचैनी की कल्पना कर वह मन ही मन एक विचित्र प्रकार के तीखे संतोष का अनुभव कर रहा था।

इसी समय पतिया ने कोठे में पांव रखा और वहीं, दरवाजे के पास, इस तरह खड़ी रह गई मानो उसके पांवों को किसी ने धरती में जड़ दिया हो।

स्वामी ने उसकी ओर देखा और कुछ देर तक देखता रहा। फिर बोला : "चली न आओ, वहां क्यों खड़ी हो?"

पतिया पर स्वामी की बात का जैसे कोई असर नहीं हुआ। काठ की मूर्ति की तरह वह वहीं खड़ी रही। ऐसा प्रतीत होता था मानो वह कूक के चलने वाला खिलौना हो। जब तक कूक भरी रही, चलता रहा। जब कूक समाप्त हो गई तो खड़ा रह गया।

"डरो नहीं," स्वामी ने फिर कहा, "बेखटके चली आओ...।"

पतिया की हालत अजीब थी। वह स्वामी के पास से दूर भागना चाहती थी–बिल्कुल उसी तरह जैसे कि हत्यारे के चंगुल से छूटकर कोई निरीह जान भागती है, और फिर भूलकर भी उसके पास जाना नहीं चाहती। लेकिन

पतिया के लिए न तो भागना ही सम्भव था, और न स्वामी के पास जाना ही।

स्वामी ने जब देखा कि पतिया के पांव हरकत नहीं कर रहे हैं तो वह स्वयं उठा और पतिया के पास आकर बोला : "तुम डरती हो। डरने की बात नहीं। तुम नहीं जानतीं कि स्वामी अब कितना बदल गया है!"

कुछ देर रुककर स्वामी ने फिर कहा : "मैं जानता हूं कि तुमने और मोहिनी ने कितना दुख सहा है। मोहिनी तो अब है नहीं। मेरे लिए तो तुम्हीं अब मोहिनी हो–सच जानो, तुम मेरी बहन के समान हो। तुम्हें लिवाने के लिए मैं आया हूं और..."

"मैं यहीं ठीक हूं," पतिया के मुंह से आखिर बोल फूटा–"मुझे यहीं रहने दो। मैं कहीं नहीं जाने की।"

"तुम नहीं समझीं!" स्वामी ने कहा : "अपने साथ ले जाने और रखने के लिए मैं तुम से नहीं कह रहा हूं। मेरे साथ एक दिन तुम्हारा ब्याह हुआ था, लेकिन वह भी कोई ब्याह था। समझ लो कि मैं मर गया। बिल्कुल नया जन्म लेकर मैं आया हूं। पुराना रिश्ता भी उसी के साथ खत्म हो गया। मुझसे कोई पूछेगा तो मैं कहूंगा–यह मेरी बहन है। पति का मुंह भी न देखने पायी कि विधवा हो गई। इसने अब तक यही नहीं जाना कि जीवन का सुख..."

अपनी बात को अधूरी छोड़ स्वामी उंगलियां गड़ा गड़ाकर पतिया का बदन जांचने लगा। पतिया स्वामी का हाथ झटककर बोली : "हटाओ यह सब। मुझे कुछ नहीं चाहिए। बहुत होगा तो मैं..."

स्वामी ने पतिया के मुंह पर हाथ रख दिया। फिर बोला : "मैं कहता हूं, तुम्हारे दुःख के दिन अब चले गए। मैं खुद तुम्हें अपने हाथ से विदा करना चाहता हूं, और ऐसी जगह के लिए विदा करना चाहता हूं, जहां राजरानी की तरह तुम रह सको। बस, एक बार मेरे साथ इस नरक से बाहर निकल चलो।"

पतिया की समझ में न आया कि वह क्या जवाब दे। स्वामी की बातें उसे अच्छा खासा जंजाल प्रतीत हो रही थीं।

"तुम्हारा डरना ठीक है," स्वामी ने उसे समझाते हुए कहा, "दूध का जला छाछ को भी फूंक फूंककर पीता है। शुरू शुरू में सभी को डर लगता है। कई लड़कियां तो बेहोश तक हो जाती हैं और..."

"कौन लड़कियां?" पतिया ने बीच में ही टोककर पूछा, "यह किनकी बात कर रहे हो?"

"मेरा तो काम ही यह है," स्वामी ने कहा, "तुम्हारी तरह और भी बहुत सी दु:खी बहनों को इसी तरह समझा बुझाकर मैंने नरक से उबारा है। वे सब अब सुख से रह रही हैं।"

पतिया ने पूछा : "कहां ले जाते हो इन सबको?"

"ठहरो, तुम्हें अभी सब बताता हूं," स्वामी ने कहा और अपने कोट की जेब से एक बंडल बाहर निकाला। फिर बोला : "चलकर उधर खाट पर बैठो तो मैं तुम्हें सब दिखाऊं!"

पतिया खाट पर बैठ गई स्वामी भी पास में बैठ गया। बंडल डोरी में बंधा था। खोलने पर कार्ड साइज के अनेक फोटो दिखाते हुए स्वामी ने कहा : "देखती हो, इसकी क्या हालत है?"

"बिल्कुल भिखारिन मालूम होती है," पतिया ने कहा, "बाल उलझे हुए हैं, कपड़े फटे हुए हैं।"

"ठीक," स्वामी ने कहा, "अब इसे देखो। कुछ पहचानती हो?"

"नहीं," फिर कुछ देर ध्यान से देखने के बाद पतिया ने कहा : "यह वही भिखारिन है। देखो, अब कितनी अच्छी हालत में है।"

पतिया ने देखा और बहुत देर तक देखती रही।

स्वामी ने बाकी फोटो भी पतिया के सामने सजा दिये। फिर उनमें से एक को उठाकर पतिया की आंखों के निकट ले जाते हुए कहा : "इसे ध्यान से देखो।"

पतिया ने फोटो स्वामी के हाथ से ले लिया और देखने लगी।

कुछ रुककर स्वामी ने कहा : "देखो, मोहिनी से कितना मिलता है। ऐसा मालूम होता है जैसे सचमुच मोहिनी का ही चित्र हो। क्यों, मालूम होता है न?"

"हां है तो बिल्कुल मोहिनी जैसा ही," पतिया ने कहा, "कौन है यह?"

"अभी तुम्हें सब बताता हूं," स्वामी ने कहा, "इसे मैंने उस समय पकड़ा था जब कि यह कुएं में डूबने जा रही थी।"

"कुएं में डूबने जा रही थी?" पतिया ने चौंककर कहा, "क्यों...?"

"हां, यदि अगर जरा भी चूक जाता तो इसका पता तक न चलता। पति की मार सहते सहते यह तंग आ गई थी। मायके में इसके कोई रहा नहीं था जो भागकर वहां चली जाती। जब और कुछ नहीं सूझा तो कुएं में डूबने चली।"

स्वामी कहते कहते रुक गया और पतिया के मुंह की ओर देखने लगा।

पतिया ने आंखें फाड़े उत्सुकता से पूछा : "फिर क्या हुआ?"

"इसके भाग्य अच्छे थे जो कुएं में कूदने से पहले मेरी नजर इस पर पड़ गई। पीछे से जाकर मैंने इसे पकड़ लिया। जीवन से इस हद तक ऊब गई थी कि जीना ही नहीं चाहती थी। मैंने बहुत समझाया, पर नहीं मानी। आखिर हारकर मैंने कहा : 'अच्छी बात है। तुम जीना नहीं चाहती तो न सही। लेकिन आज न मरकर अगर कल परसों मरो तो इसमें क्या कुछ बिगड़ जाएगा। परमात्मा की कृपा से कुएं यहां बहुत हैं। जब चाहो कूद पड़ना...'

"फिर उसने क्या कहा?"

पतिया ने अपने धड़कते हृदय पर हाथ रखकर पूछा।

"कहा कुछ नहीं," स्वामी बोला, "चुपचाप कुछ देर सोचती रही। इसके बाद उसका हाथ पकड़ मैं अपने ठिकाने पर ले गया। कपड़े उतारकर जब उसका बदन देखा तो सब जगह नीली धारियां पड़ी हुई थीं।"

पतिया सहम गई। दबे स्वर में पूछा : "अब वह कहां है?"

"कहां है, यह जानकर तुम क्या करोगी?" स्वामी ने कहा, "हां, यह बात जरूर है कि कुएं में कूदने की बात वह अब बिल्कुल भूल गई है।"

इसके बाद पतिया ने कुछ नहीं कहा। स्वामी भी चुपचाप बैठा रहा। दोनों जाने क्या सोच रहे थे।

एकाएक स्वामी ने मौन भंग किया। बोला : "इस चित्र को जब मैं देखता हूं तो मुझे मोहिनी की याद हो आती है। इतने दिनों के बाद जब मैं घर के लिए चला तो रास्ते भर यही सोचता रहा कि सबसे पहले मोहिनी से बातचीत करूंगा। लेकिन जब यहां आया तो मोहिनी की परछाईं भी देखने को न मिली।"

स्वामी कुछ देर के लिए रुक गया। सब कुछ होते हुए भी वह हृदय से मोहिनी को प्रेम करता था। पहली बार जब उसने घर छोड़ा था तो सबसे अधिक क्रोध अपनी बहन मोहिनी पर ही आया था। गुस्सा तो उसकी मां को

भी आया था, लेकिन मां के गुस्से का क्या था! उसका तो स्वभाव ही ऐसा था कि चौबीसों घंटे बड़बड़ाती रहती थी।

घर छोड़ने के बाद वह एकदम चला न गया था। गांव के छोर पर एक पेड़ के नीचे बैठ गया था। न जाने क्यों उसे आशा थी कि मोहिनी उसे खोजती वहां तक जरूर आएगी। लेकिन जब वह नहीं आई तो उसे बड़ी निराशा हुई और वह...

''मोहिनी भला यहां क्यों आने लगी,'' स्वामी ने झुंझलाकर अपने आप से कहा, ''गांव भर के लड़कों के साथ घूमने से उसे फुरसत मिले तब न...?''

स्वामी को यह बात बहुत अखरती थी। उसे बहुत बुरा लगता जब मोहिनी उसका साथ छोड़ गांव के भले बुरे लड़कों के साथ धूल फांकती फिरती। इसके साथ साथ स्वामी की झुंझलाहट का एक कारण और भी था। वह यह कि उसकी बहन तो सबके साथ घूमती फिरती है और गांव में जितनी भी अन्य लड़कियां हैं, उनमें से एक भी स्वामी की ओर आंख तक उठाकर नहीं देखती। कभी एक आध बार कोई उसकी ओर देखती भी तो उसे चिढ़ाने या उसकी हंसी उड़ाने के लिए। यह बात स्वामी को बहुत बुरी लगती। वह मन ही मन खीझ उठता और झुंझलाकर सोचता : ''आखिर उसकी बहन को ही ऐसी क्या पड़ी है जो गांव भर में धूल फांकती फिरती है!''

जितना ही स्वामी इस बात को सोचता, उतना ही उसके हृदय में एक कसक सी उठती और वह चाहता कि मोहिनी घर से बाहर पांव न रखे। कई बार उसने मोहिनी को घेरघारकर रखने का प्रयत्न भी किया। लेकिन घिरकर रहना मोहिनी ने सीखा नहीं था। स्वामी के हृदय में लपटें सी उठने लगतीं उस समय जब वह देखता कि गांव के लड़कों के साथ मिलकर स्वयं मोहिनी अपने भाई का मजाक उड़ाने पर तुली है, और खिलखिलाकर हंस रही है।

इस समय भी स्वामी के मन में मोहिनी की वह सब बातें घूम गईं। मोहिनी से मेल खाने वाले फोटो को हाथ में लेकर कुछ देर तक वह देखता रहा। फिर बोला : ''मोहिनी नहीं जानती कि मैं उसे कितना चाहता हूं। उसे अगर पता होता तो वह मुझसे इतनी दूर दूर कभी न रहती और जब तक मैं लौटकर न आता, इस तरह घर छोड़कर न भाग जाती। लेकिन...''

''लेकिन क्या!'' पतिया ने पूछा।

"लेकिन यह कि घर में कोई चैन से बैठने दे तब न?" स्वामी ने कहा, "जो तसवीरें तुमने अभी देखी हैं, जानती हो, वे सब कौन हैं? मोहिनी कोई अकेली थोड़ी ही है। उसकी तरह न जाने कितनी..."

मोहिनी के प्रसंग को अधूरा छोड़ और एकाएक पतिया को सम्बोधितकर स्वामी ने पूछा : "अब एक तुम ही रह गई हो। मोहिनी के बदले तुमको ही मैंने अपनी धर्म की बहन बना लिया है। बोलो, मेरी बात मानोगी न!"

"हां, मानूंगी। जो तुम कहोगे, करूंगी," पतिया ने कहा और नीचे धरती की ओर देखने लगी।

"तुम बहुत अच्छी हो पतिया," स्वामी ने कहा और इसके बाद चुप हो गया। फिर उसने पतिया से कुछ नहीं कहा। बहुत देर तक दोनों एक ही खाट पर पड़े न जाने क्या क्या सोचते रहे। नींद न स्वामी को आई, न पतिया को। स्वामी की तो जैसे मुंहमांगी मुराद पूरी हो गई थी। उसे न अब कुछ कहने की जरूरत थी, न सुनने की। लेकिन पतिया के साथ ऐसी कोई बात नहीं थी। उसकी छाती पर रात जैसे पहाड़ बन कर बैठ गई थी। कई बार उसके मन में आया कि न हो तो स्वामी से ही बातें करे, लेकिन साहस न हुआ और उसी प्रकार अपने मन को दबाये एकटक कड़ियों की ओर देखती रही।

19

रात के तीसरे पहर तक पतिया की आंख नहीं लगी। इसलिए दूसरे दिन बहुत देर तक वह सोती रही। स्वामी न जाने कब उठकर बाहर घूमने चला गया था और मां बड़ी उत्सुकता से पतिया के जागने की प्रतीक्षा कर रही थी। कई बार उसके जी में आया कि पतिया को जाकर जगा दे, स्वामी के कोठे तक वह कई बार गई भी और कुछ देर तक, मुग्ध भाव से, नींद में बेसुध पतिया को देखती रही, पर उसे जगाने का साहस न कर सकी। रह रहकर यही वह सोचती कि इतने दिनों बाद दोनों मिले हैं। रात भर बातें करते रहे होंगे। जब सोयेंगे नहीं तो जल्दी आंख कैसे खुलेगी। बहुत दिन बाद पतिया का भाग जागा है। राम करे, वह सदा इसी तरह सुहागिन बनी रहे।

पतिया के सिरहाने खड़ी मां यह सब बातें सोच रही थी। इतने में पतिया ने हलकी सी कराह के साथ करवट ली। मां उसे हिलते देख दबे पांव इस तरह भागी कि यदि पतिया ने देख लिया तो उसकी चोरी पकड़ी जाएगी। आंगन में जब पहुंच गई तब उसने संतोष की सांस ली, और एक जगह बैठकर पतिया के जागने की प्रतीक्षा करने लगी। कुछ देर बाद उसका जी फिर ऊबने लगा और उठकर फिर स्वामी के कोठे में पहुंची। इस बार उसकी दृष्टि पतिया के बालों पर टिककर रह गई। जैसे बाल संवार कर उसने पतिया को स्वामी के पास भेजा था, वे ठीक वैसे ही बने हुए थे। एक बाल भी इधर से उधर नहीं हुआ था। यह देखकर मां का हृदय मसोस उठा। वह सोचने

लगी कि ऐसा तो नहीं होना चाहिए। पतिया तो इस तरह पड़ी है मानो इसके किसी ने हाथ तक न लगाया हो–एकदम अछुवाई!

मां के हृदय ने झटका खाया और पतिया को पहले की तरह अधिक देर तक एकटक देखते रहना उसके लिए सम्भव नहीं रहा। लौटकर वह फिर अपने आंगन में आ गई और अपने मन को तरह तरह से समझाने और भुलावे में डालने का प्रयत्न करने लगी।

''यह सब कुछ नहीं?'' उसने अपने मन में कहा : ''इतनी जरा सी बात भी मेरी समझ में नहीं आई। इतने दिनों बाद दोनों मिले हैं तो इसका यह मतलब नहीं कि दोनों मिलते ही एक दूसरे से कुश्ती सी लड़ने लगते। बेसुध हो स्वामी पतिया के बाल और बदन नोचता, और पतिया उसके कपड़े फाड़ती...!''

इसके बाद मां को अपनी बात पर खूब हंसी आई और वह अपने आप खुलकर हंसने लगी। सारे घर में हंसी गूंज उठी। उस समय यदि मां को कोई देखता तो यही समझता कि वह पागल हो गई है। उसकी हंसी बंद हुई उस समय जब पतिया सामने आकर खड़ी हो गई।

हंसने की आवाज ने ही पतिया की नींद को भंग कर दिया था।

''क्या बात है,'' पतिया ने पूछा, ''इस तरह क्यों हंस रही हो?''

पतिया की आवाज सुनते ही उसकी सास की हंसी बंद हो गई। इस समय उसकी मुखमुद्रा देखकर कोई यह कल्पना भी नहीं कर सकता था कि एक क्षण पहले इस मुंह से हंसी की बाढ़ फूट रही थी।

''बहुत दिनों बाद आज मुझे लगा कि इस घर में आदमी रहते हैं,'' सास ने बात बनाने का प्रयत्न करते हुए कहा, ''सुबह से ही आज मेरा जी इतना हलका था कि हंसी अपने आप छलक पड़ती थी।''

''लेकिन मुझे देखते ही तुमने हंसना बंद क्यों कर दिया? जब तक अकेली बैठी थीं, तब तक तो हंसती रहीं, मेरे आते ही...''

''तो क्या मैं हंसती ही जाऊंगी? तुझसे बातें भी तो करनी हैं। आ, मेरे पास बैठ। सब बातें एक एक करके बता।''

''क्या बताऊं?'' अपनी सास के पास बैठते हुए पतिया ने पूछा।

''स्वामी की बात बता–कहां रहा, क्या करता है, अब तो कहीं नहीं जाएगा?'' पतिया की सास ने एक साथ प्रश्नों की झड़ी लगा दी, ''तुझसे

और क्या क्या बातें हुईं? मेरे बारे में कुछ कहता था...?''

''अपने बारे में तो उसने कुछ नहीं कहा, न यह साफ साफ बताया कि क्या करता है। बस, यही कहता रहा कि अब सब के अच्छे दिन आ गए हैं। बहुत दिन दुःख भोग लिया, अब...।''

''अब तो वह खूब कमाने लगा है न!'' सास ने उत्साहित होकर कहा।

''हां पैसों की अब उसके पास कमी नहीं।'' पतिया ने कहा, ''मोहिनी की बहुत याद करता था। सारी रात उसी की बातें करता रहा। कहता था–यह घर ही ऐसा है, जिसमें कोई नहीं रह सकता। मैं अगर कुछ दिन और न आता तो इस घर में कोई चिड़ी का पूत भी नहीं दिखाई पड़ता!''

''और क्या कहता था?'' सास ने व्यग्रता प्रकट करते हुए पूछा।

''मुझे अपने साथ ले जाने को कहता था। मैंने तो बहुतेरा मना किया, पर वह नहीं माना। यह घर उसे बिल्कुल अच्छा नहीं लगता। इसमें किसी को नहीं रहने देना चाहता। खुद भी आजकल में चले जाने की बात करता था।

''क्यों, यहां रहने में क्या बुराई है? इतने दिनों बाद आया है। मैं अब उसे कहीं न जाने दूंगी।''

''यही तो मैंने भी कहा,'' पतिया ने कहा, ''पर उसके मन पर मेरी बात चढ़ी ही नहीं। उसे तो बस जाने की धुन सवार है।''

पतिया की सास का हृदय यह सुनकर ठक् से रह गया। कुछ देर सोचने के बाद उसने कहा : ''जरूर इसमें कोई न कोई बात है।''

''हां, कोई न कोई बात तो जरूर है,'' पतिया ने कहा और अपनी सास के मुंह की ओर देखने लगी।

''मुझे तो ऐसा लगता है कि स्वामी पर किसी ने कुछ कर दिया है,'' कहकर मां चुप हो गई। कुछ देर बाद फिर बोली : ''किसी तरह दो चार दिन तक तू उसे रोके रह। यहां से दो तीन मील दूर गढ़ी में एक बाबा जी रहते हैं। उनसे सब पता लग जाएगा कि बात क्या है?''

सास की बात सुनकर पतिया का हृदय आशंकित हो उठा। इस घर में स्वामी के साथ अकेली तो वह कभी न रहेगी। कौन जाने, वह किस समय क्या कर बैठे। नहीं, वह सास को कहीं नहीं जाने देगी। घबराकर बोली : ''मुझसे अकेले रहते नहीं बनेगा। जब तक वह हैं, तब तक तुम कहीं न जाओ।''

"दुत् पगली," सास ने कहा, "अपने पति के साथ तू रहेगी। मुझ बुढ़िया का तो अब तुम दोनों के बीच से चले जाना ही ठीक है।"

"नहीं नहीं, तुम कहीं न जाओ। जब तक वह हैं, तब तक..."

पतिया की बात को सास ने सुनकर भी अनसुना कर दिया। सास के चले जाने पर पतिया के हृदय में अनेक उलटी सीधी आंशकाएं उठने लगीं। जैसे जैसे रात निकट आती जाती थी, उसकी आशंकाएं और भी घनीभूत होती जाती थीं।

20

डरने का कोई प्रत्यक्ष कारण न होते हुए भी पतिया का हृदय बैठा जा रहा था। उसने बहुतेरा रोकना चाहा, पर उसकी सास चली ही गई। स्वामी जब बाहर से घूमघाम कर आया तो उसने देखा, पतिया के सिवाय घर में और कोई नहीं है। उसने पतिया से पूछा : "मां कहां है?"

"अपनी एक सखी के यहां गई हैं," पतिया ने कहा, "जब से तुम यहां से गए, उनका घर से निकलना नहीं होता था। अब आ गए हो तो सोचा..."

"ठीक है," स्वामी ने कहा और सिर झुकाकर जैसे कुछ सोचने लगा। फिर थोड़ी देर बाद बोला : "मां बहुत समझदार हो गई हैं।"

"क्यों...?" पतिया ने पूछा।

"सोचा होगा," स्वामी ने कहा, "बहू बेटे के सुख में उनके घर में रहने से बाधा पड़ेगी, इसलिए..."

स्वामी ने अपनी बात को जान बूझकर अधूरा छोड़ दिया। उसे डर था कि कहीं पतिया बुरा न मान जाए। इस बार जब से वह आया था, पतिया का बहुत ध्यान रख रहा था। जाने अनजाने कोई ऐसी बात मुंह से नहीं निकालता जिससे पतिया का जी दुखे। बड़ी सावधानी के साथ फूंक फूंककर पांव रखता और पतिया के हृदय की थाह लेता।

स्वामी सुबह का गया दोपहर को घर लौटा था। थोड़ी देर घर में रहा

और फिर चला गया। जाते जाते वह पतिया से कह गया : "देख पतिया, आज मेरा एक साथी आने वाला है। वह बहुत बड़ा आदमी है। मेरे साथ ही वह टिकेगा। खाने पीने को जरा ठीक से बना लेना।"

पतिया चुपचाप सुनती रही और स्वामी उसकी स्वीकृति की प्रतीक्षा न कर चला गया। हां, जाते जाते इतना और सूचित करता गया कि उसे आने में अगर कुछ देर हो जाए तो पतिया घबराये नहीं। अपने साथी को लेकर ही वह आएगा।

पतिया का मन, भीतर ही भीतर घुटा जा रहा था। स्वामी के सतर्क और शांत व्यवहार ने उसे और भी विचलित कर दिया था। घर में और कोई नहीं था। न जाने कैसे आदमी को लेकर वह आए। उसे अगर पहले से मालूम होता तो वह सास को किसी तरह न जाने देती। मनाने पर भी सास न मानती तो वह भी उनके पीछे पीछे चल देती। लेकिन अब...?

अंधेरी रात जैसे जैसे घिरती जाती थी, पतिया के हृदय का अंधेरा और भी घना होता जाता था। अपने हृदय को टटोलकर देखने का वह प्रयत्न करती, पर कुछ सुझाई न देता। ऐसी ही तो अंधेरी रात थी वह, जब पहली बार स्वामी से उसकी मुठभेड़ हुई थी। ऐसा ही अंधेरा था वह जो उसकी सुहागरात के दिन उसे समूचा निगल गया था। और ऐसी ही अंधेरी रात थी वह जब खेत में उल्लू बोला था और...

उस अंधेरी रात का ध्यान कर पतिया कांप उठी जिसने उसकी मां की जान ली थी। आज की रात ठीक वैसी ही अंधेरी थी। अंधेरा घिरता ही चला आ रहा था और ऐसा प्रतीत होता था जैसे पतिया को वह कहीं का न छोड़ेगा।

जितना ही पतिया सोचती, उतना ही उसकी आशंकाएं बढ़ती जातीं। सहसा कुंडी के खटखटाने की आवाज सुनकर चौंक उठी। उसकी सम्पूर्ण चेतना जैसे उसका साथ छोड़कर भागने के लिए तैयार हो गई।

कुंडी के खटखटाने की आवाज बराबर आ रही थी। साथ ही स्वामी की आवाज भी उसके कानों में पड़ी। जैसे तैसे उठकर गई और उसने कुंडी खोल दी। पतिया ने कुंडी इतनी सावधानी से खोली कि जरा भी खटका न हुआ–या फिर खटका हुआ भी तो वह स्वामी के कानों तक नहीं पहुंचा। कुंडी खटखटाने के बाद भी स्वामी अपने साथी से बात करने में लगा रहा।

पतिया कुंडी खोलकर चुपचाप खिसक आई।

कुछ देर के बाद स्वामी ने कुंडी के स्थान पर किवाड़ों को थपथपाने के लिए हाथ बढ़ाया। उसके हाथ का स्पर्श पाते ही किवाड़ खुल गए। पहले स्वामी ने घर में प्रवेश किया, फिर अपने साथी को अकेला छोड़ स्वामी पतिया के कोठे में आया। बोला : "बहुत देर हो गई पतिया, कुछ खानावाना बनाया है?"

"हां, सब तैयार है।" पतिया ने कहा।

स्वामी और उसका साथी जब तक भोजन करते रहे, स्वामी पतिया की ही प्रशंसा करता रहा। पतिया ने अपनी इतनी प्रशंसा पहले कभी न सुनी थी। भोजन के बाद स्वामी ने अपने और अपने साथी के सोने का प्रबंध बाहर के कोठे में किया।

"तुम्हें डर तो नहीं लगेगा, पतिया?" स्वामी ने पतिया से पूछा–"मैं तो अपने साथी के साथ सोऊंगा। घर में आज मां भी नहीं है। तू बिल्कुल अकेली पड़ जाएगी।"

"मेरा सारा जीवन अकेले रहते ही बीता है," अपने हृदय की वास्तविक स्थिति को स्वामी की आंखों से बचाने का प्रयत्न करते हुए पतिया ने कहा, "तुम चिंता न करो। मैं अकेली अच्छी तरह रह सकती हूं।"

स्वामी अपने साथी के पास चला गया। स्वामी और उसका साथी दोनों इस तरह बातें करते रहे मानो इस घर में सिवाय उन दोनों के और कोई नहीं है। पतिया लेटी तो थी अपने कोठे में, लेकिन उसका मन और कान लगे हुए थे स्वामी और उसके साथी की बातों की ओर।

अधूरे पूरे वाक्य पतिया को सुनाई दे रहे थे। यह समझने में पतिया को देर नहीं लगी कि दोनों रुपये पैसों की बातें कर रहे हैं। कितनी देर तक दोनों झगड़ते रहे। पतिया को ऐसा मालूम हुआ जैसे दोनों कोई सौदा करना चाहते हैं, मगर कुछ कसर रह जाने के कारण दोनों एकमत नहीं हो पा रहे हैं। कई बार पतिया को यह भी सुनाई पड़ा कि सौदे के सिलसिले में उसका नाम भी लिया जा रहा है।

एकाएक स्वामी का स्वर धीमा पड़ गया। उसने अपने साथी से दबी आवाज में कहा : "कौन जाने, पतिया अभी तक जाग रही हो। धीरे धीरे बातें करो। ऐसा न हो कि..."

इसके बाद स्वामी का स्वर जैसे कहीं खो गया। आगे उसने कहा,

पतिया कुछ सुन नहीं सकी। अब दोनों धीरे धीरे बातें करने लगे। कभी कभी एक आध शब्द सुनाई पड़ जाता। कुछ देर बार वह भी बंद हो गया। ऐसा मालूम होता था कि दोनों सो गए हैं।

पतिया के जी में चैन जरा भी नहीं था। अनेक आशंकाओं से उसका हृदय घिरा था। उसे ऐसा प्रतीत होता था जैसे उस पर कोई नयी विपत्ति आने वाली है। लेकिन यह वह नहीं जानती थी कि उस विपत्ति की रूपरेखा क्या होगी? एक तरह का अज्ञात भय उसके हृदय और मस्तिष्क में छाता जा रहा था। उसकी सम्पूर्ण चेतना, जैसे एक जगह केंद्रित हो, आने वाली विपत्ति के पांवों की आहट पकड़ने का प्रयत्न कर रही थी।

घंटा भर तक पतिया इसी अवस्था में पड़ी रही। लेकिन उसे किसी प्रकार की आहट नहीं सुनाई दी। चारों ओर भयंकर सन्नाटा छाया था। सन्नाटा इतना गम्भीर मालूम होता था, जैसे स्वयं पतिया के हृदय ने भी वातावरण के साथ साथ सन्नाटा खींच लिया हो। इस अवस्था में अधिक देर तक पड़े रहना पतिया के लिए असह्य हो उठा। उसने अपने साहस को बटोरा, उठकर बैठ गई। अंधकार के बीच धीरे धीरे उसने अनुभव किया कि उसका भय बेमतलब है। पतिया के मन और शरीर का खिंचाव कुछ कम हुआ, और लेटकर वह फिर सोने का उपक्रम करने लगी।

कुछ देर बाद पतिया को झपकी सी आ गई। लेकिन उसका भीतरी मन जैसे अब भी चेतन था। शरीर जैसे उसका सोया पड़ा था, और मन जाग रहा था। एकाएक उसे ऐसा प्रतीत हुआ मानो उसके कोठे में किसी ने प्रवेश किया हो। आहट उसे किसी प्रकार की सुनाई नहीं पड़ रही थी, लेकिन फिर भी उसे ऐसा प्रतीत होता था कि कोठे में कोई आ गया है और दुर्निवार उसकी ओर बढ़ रहा है।

पतिया एकाएक कुछ निश्चय नहीं कर सकी कि वह सपना देख रही है या वास्तव में कोई उसकी ओर बढ़ा चला आ रहा है। एक तरह से दम साधे वह पड़ी रही। उसके भय ने एक विचित्र रूप धारण कर लिया। वह न तो इस हद तक दूर हुआ कि पतिया को नींद आ जाये, और न वह इतना अधिक ही बढ़ा कि उसकी नींद एकाएक भंग हो जाए और वह देखे कि...

पतिया आंखें मूंदे पड़ी थी। कोठे में जो दीया जल रहा था, वह भी जैसे अपनी आंखें मूंदने के लिए तैयार बैठा था। तभी स्वामी कोठे में दबे पांव

आया। पतिया ने मन ही मन अनुभव किया कि उसके कोठे में कोई आ गया है। आगे बढ़कर स्वामी ने पहले दीये की बाती को चेतन किया, और फिर पतिया का हाथ उठाकर अपने हाथ में ले लिया।

अंतिम सीमा आने पर बुरा सपना देखने वाले व्यक्ति की जो दशा होती है और अंत में जिस प्रकार भय से यह चीख उठता है, ठीक उसी प्रकार एक चीख के साथ पतिया चौंक उठी। पतिया के माथे पर पसीने की बूंदें उमड़ आई थीं और उसका हृदय बुरी तरह धक् धक् कर रहा था।

''मैं पहले ही कहता था पतिया,'' स्वामी ने उसकी कमर पर हाथ फेरते हुए कहा, ''अकेले में तुझे डर लगेगा। मेरा साथी जब सो गया तो मुझसे रहा नहीं गया और मैं चला आया।''

पतिया ने एक बार स्वामी के मुंह की ओर देखा और फिर सिर झुका लिया। उसका हृदय अभी धक् धक्कर रहा था।

''तेरा लड़कपन अभी तक गया नहीं पतिया,'' स्वामी ने कहा, ''भला इस तरह भी कोई चीखता है। मेरा साथी तेरी चीख सुनकर अगर यहां आ जाता तो...''

साथी का नाम सुनकर पतिया का हृदय चौंक उठा। कुछ संभल कर फिर उसने कहा : ''मैं सपना देख रही थी। मुझे ऐसा प्रतीत हुआ कि दो चार आदमी मेरे कोठे में घुस आए हैं और मुझे जबर्दस्ती उठाकर...''

स्वामी यह सुनकर हंस पड़ा। फिर अपनी हंसी को रोककर बोला : ''सपना तो तुम सच्चा देख रही थीं। तुम्हें भगाकर ले जाने की पूरी तैयारी मैंने कर ली है। उठो, चलो।''

कहकर स्वामी पतिया को हाथ पकड़कर उठाने का प्रयत्न करने लगा। पतिया एकाएक समझ न सकी कि बात क्या है। स्वामी ने उसका हाथ पकड़कर खड़ा कर दिया। इससे पहले कि पतिया कुछ संभले, स्वामी ने कहा : ''क्या इसी धोती को पहनकर चलोगी। नहीं, उतारो इसे, जल्दी करो, मेरे मुंह की ओर देखने से काम न चलेगा!''

स्वामी एकाएक पतिया की धोती पकड़कर खींचने लगा। पतिया एक चीख मारकर दोहरी हो गई। इसी समय स्वामी इस तरह चिल्लाया मानो इसके हाथ में बिच्छू ने काट लिया हो। स्वामी की आवाज सुन पतिया सहम गई। तभी स्वामी की आवाज सुन उसका साथी भी आ गया। बोला :

"क्या है स्वामी?"

"कुछ नहीं," स्वामी ने कहा और फिर पतिया की ओर संकेत करता हुआ बोला : "देखते हो इसे, लाज के मारे दोहरी हुई जा रही है! मैं कहता हूं...।"

स्वामी की बात बीच में ही रह गई। बाहर का दरवाजा बुरी तरह धड़धड़ा रहा था। साथ आवाज आ रही थी : "जल्दी दरवाजा खोलो। नहीं तो दरवाजा तोड़कर..."

स्वामी और उसके साथी के कान खड़े हो गए। पतिया को छोड़ दरवाजे की ओर स्वामी बढ़ा। देखा कि कई लट्ठबंद आदमी खड़े हैं। उनमें से एक ने कहा : "मोहिनी यहां आई है? ठाकुर साहब के गहने पत्ते लेकर वह भाग गई। यहां आई होगी। उसे बाहर निकालो।"

स्वामी ने सुना तो हक्का बक्का रह गया। उसने संभल कर कहा : "नहीं, यहां मोहिनी नहीं आई। उसकी तो शकल तक मैंने नहीं देखी।"

"हमें तुम्हारी बात का यकीन नहीं। तुम एक ओर हट जाओ। हंम तुम्हारे घर की तलाशी लेंगे।"

कहते हुए वे घर में घुस आए। सबसे पहले पतिया पर उनकी नजर पड़ी। जैसे तैसे धोती लपेटे वह एक ओर खड़ी थी। समझे कि यही मोहिनी है। लेकिन जब मुंह उघाड़कर देखा तो उसे छोड़ दिया और घर के कोने कोने की खोज करने लगे। स्वामी और उसके साथी को दो आदमियों की निगरानी में एक जगह खड़ा कर दिया गया।

स्वामी और उसके साथी दोनों को ठाकुर के आदमी अपने साथ पकड़कर ले गए। उन्हें संदेह था कि मोहिनी को स्वामी ने किसी दूसरी जगह छिपा दिया है। उनके चले जाने पर पतिया को अवसर मिला। बदन पर धोती लपेट वह घर से निकल बाहर सड़क पर आ गई और तेजी से बढ़ चली। उसे कुछ पता नहीं था कि वह कहां जा रही है। ऐसा मालूम होता था जैसे वह चलती ही जाएगी, रुकेगी नहीं।

पतिया रात में ही घर से निकल पड़ी थी। भोर होने से पहिले ही वह दस कोस चलकर स्टेशन पहुंच गई।

उसकी मां मर चुकी थी और मरने से पहले मायके का दरवाजा उसके लिए बंद कर गई थी। सो पछौहां का रास्ता उसने नहीं पकड़ा, आंखें बंद

किये बस चलती ही गई। किंतु जैसे जैसे रात ढल रही थी, उसके मन में एक यही चिंता बलवती होती जा रही थी कि अब वह कहां जाएगी, कहां रहेगी?

स्टेशन पर पहुंचकर वह एक कोने में बैठ गई। लगता था मानो आंखमिचौनी के चोर से बचने के लिए दुबक गई हो।

"अरे भौजी तुम!"

पतिया ने नजर उठाकर देखा तो सामने मोहिनी एक बड़ी सी पोटली हाथ में लिए मुस्करा रही थी।

"अच्छा हुआ जो तुम मिल गई, मुझ अकेली का मन न लगता।"

पतिया के सिर से चिंताओं का बोझ कुछ हल्का हुआ; उसने संतोष की सांस ली। किंतु वह अपना आश्चर्य नहीं छिपा सकी।

"तुम यहां, घर पर तो ठाकुर के आदमी लट्ठ लिए...।"

"चुप।...थोड़ी देर में रेल आने वाली है। उसी में बैठकर बातें करेंगे। मैं तो अपना टिकिट भी ले आई हूं ठहर, तेरा भी ले आती हूं।"

रेल में बैठ दोनों ने संतोष की सांस ली। डिब्बे में आसपास बैठे आदमी ऊंघ रहे थे। पतिया ने बात छेड़ी, "हां तो ठाकुर की बात?"

"छोड़ो भी उस कलमुंहे की बात पतिया भौजी। कंजूस मक्खीचूस कहीं का, जेवर गहने तो सब समेट लायी, बस एक बात मन की मन में रह गई–उस्तरा होता तो उसकी नाक, कान और मूंछों के बाल काटकर गठरी में बांध लाती। खूसट कहीं का, मुझे जहर देने की सोच रहा था–जान से मारना चाहता था।"

"हाय राम!" पतिया का मुंह खुला का खुला रह गया।

"सचमुच बहुत बुरा आदमी है ठाकुर, वो तो जाने मां ने उसके साथ कैस निभा दी। वैसे तो सारी रात नहीं सोने देता था और जब मैं कहती, 'ठाकुर मुझे गहने नहीं दोगे,' तो साधु महात्माओं की तरह थूंथनी ऊपर उठाकर कहता, "प्यारी मोहिनी, यह सब तेरे ही तो हैं। एक दिन तुम्हें ही यह गहने और नकदी से भरी तिजोरी सौंपकर परमधाम की यात्रा करूंगा। चोर उचक्कों का गांव ठहरा, तुझे गहने पहने देख चोर डाकू आकर तुझे उठा ले गए तो बता मैं क्या करूंगा। तू बड़ी भोली है, जरा अक्ल से सोच तेरी जरा सी जिद दोनों पर मुसीबत ला सकती है। सब्र का फल मीठा होता है। इन सबको मैं छाती पर रखकर थोड़े ही ले जाऊंगा–सब तुम्हें ही मिलेंगे।"

"ठीक तो कहते थे।" पतिया बोली।

"मैं भी पहले यही सोचती रही कि बुड्ढा ठीक कहता है।"

मोहिनी ने कुछ देर रुककर कहा : "पर भौजी ठाकुर सनकी है, इस बात का पता मुझे किसी तरह लग गया। एक के बाद एक कुल मिलाकर तीन उसकी ब्याहता, एक मां और एक मैं, पांचों की पांचों पर उसे शक रहा कि कहीं यह गहने पैसे के लोभ में उसे जहर न दे दें...।"

"हाय मां!" अचरज से मुंह बनाया पतिया ने।

"हां भौजी, इस खूसट के बेसिर पांव के वहम का किसी ओझे हकीम के पास इलाज नहीं था। वह सदा इसी सनक से परेशान रहा और उसकी तीनों ब्याहताओं को उसकी इसी सनक के कारण प्राण देने पड़े।" तनिक धीमे स्वर में मोहिनी बोली : "अपनी तीनों ब्याहताओं को उसने जहर देकर मारा।"

"हाय दैया!" सचमुच, पतिया का हृदय जोरों से धड़कने लगा।

मोहिनी कहती रही।

"और आज की रात जहर पीने की मेरी बारी थी।"

पतिया भय से सिहर उठी। उसने मोहिनी की बांह पकड़कर अपनी छाती से सटाते हुए कहा : "उस मुंहसोंसे की मूंछों में आग लगे।"

मोहिनी मुस्करा दी।

"भौजी मैं औरों की तरह बुढ़िया थोड़े ही थी। मैंने उसके सारे कुकर्मों का पता लगा रखा था। सांझ होते ही वह मुझे कोठे में खींच ले गया और ऐसा लाड़ प्यार दिखाया जैसा कभी न दिखाया था। तिजोरी खोलकर मुझे सारे गहने पहनाये...।"

"तब तो...?"...पतिया ने बात काटी।

"तब वब कुछ नहीं भौजी, जिस रात वह औरत की जान लेता था, ऐसा ही करता था। इस बात को मैंने उस बुढ़िया छिनाल दाई के पेट से निकाला जो उसे इस काम के लिए जहर लाकर देती थी। सांझ हुए बुढ़िया आई और ठाकुर के साथ बैठक में बैठी खुसर पुसर करती रही और फिर बाहर से लौट गई। मैं तभी समझ गई कि दाल में कुछ काला है जरूर। जब उसने मुझे कोठे में बंद करके लाड़ प्यार जताना शुरू किया। मेरी कट्टो, मेरी कोयल, मेरी बत्तख... तो मैंने मन ही मन कहा 'मौसा' मेरा नाम भी मोहिनी

है, ऐसी नौटंकी दिखाऊंगी कि उम्र भर न देखी होगी। उसने मुझे सारे गहने पहनाये। मैं चुप रही। फिर मुए ने आधीरात तक अपना कचूमर निकाला। मैं बस ऐसे पड़ी रही मानो हारकर ढह पड़ी हूं।

"फिर?" उत्सुकता से पतिया ने पूछा।

"उसकी सांस खर्र खर्र चल रही, पर मुझे दुलारते हुए बीस साल के छैला की तरह बोला, थक गई मेरी रानी, लेटी रह, मैं तेरे लिए दूध लाता हूं। रसोई कोठे से कुछ दूर थी। वह गया दूध लेने, और मैंने कोठे के बाहर पक्के फर्श पर दो सेर पक्का कड़ुवा तेल बिखेर दिया। अंधेरा तो था ही, ठाकुर दूध लेकर जैसे ही कोठे के पास आया धड़ाम से चारों खाने चित्त गिरा और जहर मिले दूध का लोटा दूर चौक में लुढ़कता पुड़कता चला गया। बड़ी मुश्किल से हंसी रोकी मैंने, वैसे ही दम साधे पड़ी रही जैसे पड़ी थी।"

कुछ क्षण रुक मोहिनी बोली।

"एक हाथ गले पर रखे ठाकुर लंगड़ाता हुआ आकर बोला, 'यह बाहर फिसलन कैसे हुई?'

मैंने कह दिया : 'टहलवे से तेल बिखर गया था।'

धम्म से धरती पर बैठते हुए उसने टहलवे की सात पीढ़ी कोस डाली। मैं फिर बोली : 'राजा जी, दूध लाकर नहीं पिलाओगे?'

तन बदन में आग ही तो लग गई उसके।

पी ले जाकर अपने आप, मेरे हाड़ गोड़ टूट गए हैं और खुद सुसरी पड़ी पड़ी मस्ता रही है। उठ और सब गहने तिजोरी में बंदकर चाबी मुझे दे।

मैं उठी बाहों में भरकर फिर ठाकुर को उठाया।

'मेरे राजा, मैं वारी जाऊं, मुझे क्या पता था चोट जोर से लगी है। उठो बिस्तर पर लेटो।

'ठाकुर समझा कि मैं सचमुच ही उस पर मर मिटी हूं। पलंग पर लिटाकर मैंने उसके कूल्हे दबाना शुरू कर दिये। मरे के बुरे दिन आए थे, गहना रुपया और तिजोरी भूलकर कुछ ही देर में खर्राटे भरने लगा। बस, मैंने भी गहने रुपयों की पोटली बांधी और हवेली के पिछवाड़े से निकल कर चमारों के मरघट से होती ढाक से जंगल में घुस गई।"

"तुझे डर नहीं लगा?" पतिया ने पूछा।

"डर किस बात का?"

"अगर ठाकुर के आदमी तुझे पकड़ लेते तो?"

मोहिनी हंस दी।

"भौजी, मैं कोई ठाकुर की ब्याहता सती ठकुरानी तो हूं नहीं। जो कोई पकड़ लेता, दो चार दिन उसके साथ रहकर उसकी छाती भी ठंडी कर देती।"

यह सुन कर पतिया हंस पड़ी।

"अगर ठाकुर खुद ही पकड़ लेता तो?"

"ऐसी पटखनी देती कि रहे सहे हाड़ गोड़ भी टूट जाते। मां कहा करती थी कि ठाकुर का बदन कसरती है, और बुढ़ापे में भी जवानी जैसी काठी बनी हुई है। एक दिन मन में आया कि ठाकुर से जरा जोर अजमा कर देखूं। जब मैंने उसके आने की आहट सुनी तो पलंग पर ऐसी जा लेटी मानो गहरी नींद सोयी हूं। और ठाकुर ने जैसे ही मेरे बदन को छुआ मैं चमककर उठी और जान बूझकर लालटेन में ठोकर मारकर बुझा दी। फिर जो ठाकुर को दो चार पटकी दी तो उसे छठी का दूध याद आ गया। बस, फिर मैं उसकी छाती पर चढ़ बैठी।

बोल, कौन है तू? कराहते हुए वह बोला–अरी तुझे भूतनी चढ़ी है, देख तो जरा मैं...मैं हूं तेरा ठाकुर।"

मोहिनी के साहस का यह चुटकला सुनकर पतिया ने उसांस भरी।

"बड़ी हिम्मत है तेरी।"

"हिम्मत बिना दुनिया में जीना दूभर है। अच्छा भौजी शहर चलकर मेरे साथ ही रहेगी ना?"

"हां।"

"कभी मेरा साथ तो न छोड़ोगी?"

"नहीं।"

इसके बाद दोनों चुप हो गईं और रेल की खड़ खड़ सुनने लगीं। रेल दौड़ी जा रही थी, अपने आप में भूली दोनों अभागिनों को जाने किस जलते हुए नरककुंड में पटकने के लिए!

21

पतिया ने मोहिनी का वादा पूरा किया और पूरी तरह उसका साथ दिया। जब तक पास में गहनों की गरमाई रही, तब तक पथ लक्षित है या अलक्षित, इसकी कोई विशेष चिंता न मोहिनी को थी, और न पतिया को। दोनों यही समझतीं कि उन्हें किसी से कुछ लेना देना नहीं है, और न ही किसी का कोई ध्यान रखना है। लेकिन जब हाथ खाली हो गए तो उन्होंने देखा और अनुभव किया कि इस तरह की मनमानी नहीं चलेगी।

अंत में अनेक बार इधर उधर की ठोकरें खाने के बाद, मोहिनी और पतिया अपने एक मात्र ठिकाने पर आ गईं। मोहिनी ने समाज के बीच अपनी 'मोहिनी' को प्रतिष्ठित करने के लिए सरकारी लाइसेंस प्राप्त किया, और दोनों बाजार का एक कोठा लेकर रहने लगीं।

मोहिनी की ओर शीघ्र ही नगर के युवकों का ध्यान आकर्षित हुआ। इसका एक कारण यह भी था कि अपने को मोहक रूप में प्रदर्शित करने की कला में वह विशेष रूप से दक्ष थी। इसके अतिरिक्त उसमें एक बात और थी। वह यह कि चोर दरवाजे से रूप के खिलाड़ियों के हृदय में प्रवेश करने और फिर वहां से बेदाग निकल जाने में भी मोहिनी बहुत होशियार थी। वह सब कुछ करती लेकिन अपना दामन लहराते और साफ बचाते हुए।

मोहिनी ने अपने लिए एक सीमा निर्धारित कर ली और उस सीमा का वह पूरा ध्यान रखती। ठीक उस समय जब रूप के खिलाड़ी यह समझते कि

मोहिनी को उन्होंने अपने हाथ में कर लिया और यह उनकी इच्छा पर निर्भर है कि जब चाहें उसे अपनी चुटकी में मसल दें, वे देखते कि मोहिनी उनके हाथ और आंखों को धोखा दे, दूर खड़ी, अपनी मोहक हंसी हंस रही है!

पतिया की स्थिति में विशेष अंतर नहीं पड़ा था। चौका बरतन करते उसका जीवन बीता था और अब भी यही वह करती थी, मोहिनी के कोठे पर आने जाने वाले लोग उसे मोहिनी की दासी के रूप में जानते थे। मोहिनी भी सबके सामने पतिया से इसी तरह का बरताव करती थी, मानो वह दासी ही हो। लेकिन...

मोहिनी ने पतिया के साथ अब फिर अपना पुराना खेल खेलना शुरू कर दिया था। स्वामी जिस तरह के कपड़े पहनता था, मोहिनी ने वैसे कपड़े बहुत से बनवा लिए थे। रूपशिखा के चारों ओर मंडराने वाले पतिंगों से छुट्टी मिलने पर वह पतिया का सिंगार करती। उसे वे सब कपड़े पहनाती और इसके बाद पतिया को सामने बैठाकर प्रेम का अभिनय करती। आवेश में आकर उसे अपनी दोनों बाहों में कसकर जकड़ लेती और पतिया की उदासीनता से असंतुष्ट हो, छिटक कर अलग हो जाती। मोहिनी के नथुने फड़कने लगते, भौंहों में बल पड़ जाते, होंठों के दोनों सिरों पर झाग आ जाते और पतिया को जलीकटी सुनाने लगती।

"तुम तो पत्थर हो भौजी, बिल्कुल पत्थर!" झुंझलाकर मोहिनी कहती : "देखो, यह मेरा हृदय कितनी जोर जोर से धड़क रहा है। ऐसा मालूम होता है जैसे लपटें लपलपा रही हों!"

कभी कभी मोहिनी का क्षोभ और भी बढ़ जाता। उसके मन में होता कि पतिया को रूई की तरह धुन डाले। एक बार पतिया को इस जोर से धक्का दिया कि उसके गहरी चोट आ गई। बाद में मोहिनी बहुत पछतायी। आंखों में आंसू भर कहने लगी : "मुझे माफ करना भौजी। कुछ समझ नहीं पड़ता कि मेरे हृदय को क्या हो गया है। मन करता है कि सारी दुनिया को तोड़ मरोड़ डालूं।"

ऐसा मालूम होता था जैसे मोहिनी कुछ करने के लिए उमड़ घुमड़ रही हो, उसका समूचा बदन भीतर से ऐंठ रहा था। हाथों की मुट्ठियां भिंची थीं, भौंहें तनी थीं और होंठ फड़क रहे थे।

पतिया सहमी सी मोहिनी की ओर देख रही थी। जब कभी मोहिनी

इस तरह बलखाती और उमड़ती घुमड़ती थी तो किसी अज्ञात आशंका से उसका हृदय कांप उठता था। लगता था जैसे अब और कोई उत्पात होने वाला है। कौन जाने स्वामी और वह साथी ही आ धमकें, ठाकुर को उनका पता लग जाए, उसके आदमी आकर फिर उसी तरह किवाड़ धड़धड़ाने लगें, और उनसे भागते तक न बने।

मोहिनी ने पतिया को इस बुरी तरह झंझोड़ा और धक्का दिया था कि उसका बदन दुख रहा था। 'ऊंह', उसने मन ही मन मोहिनी की बात को दोहराते हुए कहा : "मन करता है कि सारी दुनिया को तोड़ मरोड़ डालूं।" फिर कुछ रुककर कसमसाती हुई बोली : "सारी दुनिया को कहां, तुमने तो बस मुझे तोड़ मरोड़ डाला है। यह देखो, मेरा बदन कितना दुख रहा है।"

मोहिनी ने अब पतिया की ओर देखा। दुख और वेदना की वह साकार प्रतिमा बनी थी। लगता था जैसे उसके हृदय का, और बदन के एक एक जोड़ का, समूचा दर्द उसके चेहरे पर आकर जमा हो गया हो। मोहिनी ने एक नयी भावना का, सहानूभूति और संवेदना की भावना का अनुभव किया। पतिया को अपनी ओर खींचते हुई बोली : "अरे नहीं भौजी, तुम्हें तोड़ मरोड़ कर मैं भला कहां रहूंगी।"

पतिया मोहिनी के बदन से सटी थी। उसने अपने आपको अलग नहीं किया, बल्कि कुनमुनाकर और सटती गई। मोहिनी उसका बदन सहला रही थी, और कहती जा रही थी : "मैं भी कितनी पगली हूं, भौजी। मुझे ध्यान ही नहीं रहता कि तुम भी आदमी हो, हाड़ मांस की बनी। सच, मुझे लगता है जैसे तुम निरी काठ हो, जिसमें न कभी गुदगुदी उठती है, न कभी दुख दर्द व्यापता है।"

"मैं चक्की की भांति पिसती जो रहती हूं, शायद इसलिए-क्यों?" पतिया के मुंह से निकला।

मोहिनी ने पतिया की ओर देखा। उसके चेहरे पर जमा दुख और वेदना का वह भाव अब बहुत कुछ तिरोहित हो गया था और एक नयापन उसमें दिखाई दे रहा था। और सचमुच यह नयापन था भी। चक्की की भांति पिसने के लिए ही जो इस दुनिया में आई हो, उसके मुंह से ऐसी बात...

"हां, शायद इसीलिए," मोहिनी ने कहा, और फिर कुछ रुककर बोली-"जानती हो भौजी, मैं क्या सोचती हूं?"

अब पतिया ने मोहिनी की ओर देखा। पर कुछ थाह न पा सकी। पूछा : "क्या सोचती हो तुम?"

"यही की अगर तुम मर्द होती तो मैं तुमसे ब्याह कर लेती।"

पतिया के चेहरे पर हंसी खेल गई, बहुत ही सुहानी हंसी। फिर कुछ संयम कर बोली : "अभी ब्याह से तुम्हारा मन नहीं भरा?"

"ब्याह हुआ ही कहां जो मन भरता। फिर ब्याह से क्या कभी मन भरता है। लोगों का बस चले तो रोज ब्याह रोज नया ब्याह रचाएं..."

ब्याह की बात चलते ही पतिया की आंखों के सामने स्वामी की छाया घूम गई। लेकिन मोहिनी ने इस छाया को टिकने नहीं दिया। बोली : "ब्याह की बात छोड़ो। मैं कुछ और ही सोच रही थी।"

"क्या सोच रही थी?" पतिया ने उत्सुकता से पूछा।

"मैं सोच रही थी कि क्या ऐसा नहीं हो सकता कि तुम मोहिनी बन जाओ और मैं पतिया?"

एकाएक पतिया की समझ में नहीं आया कि मोहिनी क्या कह रही है– या क्या कहना चाहती है। पूछा : "इससे क्या होगा?"

"क्या होगा, सो तो मैं नहीं जानती। लेकिन कभी कभी जी करता है कि मैं पतिया बन कर खूब काम करूं और तुम्हें मोहिनी बनाकर छुट्टा छोड़ दूं। आखिर तुम भी तो आदमी हो, कोल्हू का बैल नहीं।"

"सो तो है," पतिया ने कहा : "कभी कभी मेरा भी जी करता है..."

"क्या जीं करता है?" मोहिनी ने बीच में ही बात काटकर पूछा।

"कि मैं भी तुम्हारी तरह घूम फिर सकती?"

"क्या सच?" मोहिनी ने कहा और पतिया को खींचकर और भी अपने हृदय से सटा लिया–"क्या सचमुच तुम्हारा जी करता है?"

लेकिन अगले ही क्षण, इससे पहले कि पतिया कुछ जवाब देती या कुनमुनाकर मोहिनी की गोद में और अधिक समाने का प्रयत्न करती, मोहिनी ने उसे अलग करते हुए कहा : "लेकिन इससे कुछ नहीं होगा, भौजी। दोनों में से एक कोल्हू का बैल फिर भी बना रहेगा। और दूसरा हवा में उड़ता फिरेगा। नहीं इससे कुछ नहीं होगा।"

"तो फिर?" पतिया ने अस्फुट स्वर में पूछा।

मोहिनी अब चुप थी। ऐसा मालूम होता था जैसे कुछ सोच रही हो।

और सोचने पर भी कुछ पकड़ न पा रही हो। फिर एकाएक उसकी आंखों में चमक दौड़ गई। बोली : "क्या ऐसा नहीं हो सकता कि हम दोनों एक हो सकें। या यों कहो कि तुम पतिया रहते हुए भी मोहिनी बन सको, और मैं मोहिनी रहते हुए भी पतिया बन सकूं।"

पहली बार मोहिनी ने अपने आपको, और पतिया को, इस तरह कुरेदना शुरू किया था। पतिया चकित और मुग्ध सी, बल्कि कहिए कि भयभीत सी, देख रही थी।

"अच्छा, यह तो बताओ भौजी," बीते जीवन की काई, अंधेरे या मैल को घिसा देते हुए मोहिनी ने कहा : "कमासिन को, अपनी ससुराल और स्वामी को, धता बताने के बाद तुम फिर लौट क्यों आई? मैं तो समझी थी कि तुम कभी नहीं लौटोगी, लेकिन जितनी अचानक तुम गायब हुई थीं उतनी अचानक तुम फिर आ धमकीं। सो क्यों?"

इस तरह के प्रश्न के लिए, जीवन के उन अंधेरे पन्नों को पलटने के लिए पतिया कतई तैयार नहीं थी। वह एकाएक सिहर उठी। लगा जैसे उसके हृदय को, उसके समूचे शरीर को, किसी ने अपने नुकीले पंजों में दबोच लिया हो। सुहागरात का वह अंधकार और बाज की भांति स्वामी का उस पर झपटना, उसकी आंखों के सामने घूम गया। सिंहवाहिनी देवी के मेले की भी उसे याद आई–ओसारे में खून ही खून। खेत में उल्लू का बोलना, और फिर मां की मृत्यु...

"भाग्य की मार, और क्या कहूं," पतिया ने जैसे तैसे अपने को संभालते हुए कहा : "न खेत में उल्लू बोलता, न मां मरती..."

"ऊंह," मोहिनी ने जैसे मन ही मन कहा : "न खेत में उल्लू बोलता न मां मरती..."

फिर प्रकट रूप में बोली : "नहीं भौजी, खेत में नहीं, उल्लू तुम्हारे दिल में बोला था। मुझे देखो न। मेरा तो ब्याह ही उल्लू से हुआ था। फिर भी मेरे हृदय में कभी उल्लू नहीं बोलता।"

"उल्लू से ब्याह हुआ था?" पतिया ने पूछा।

"हां, उल्लू से। ऐसे वैसे नहीं, निरे उल्लू से। लेकिन मैं किसी पुराने पीपल की खोह तो थी नहीं जिसमें वह डेरा डाल पाता। सो मैंने वह कन्नी काटी कि बस मूड़ हिलाता रह गया।"

"अरे बाप रे!" अनायास ही पतिया के मुंह से निकला।

"अरे बाप रे मां रे–तुम तो बस यही करती रहोगी," मोहिनी ने कहा– "और सच भौजी इसीलिए तुम्हारे हृदय में उल्लू बोलता है।"

पतिया का ध्यान अब उल्लू की ओर नहीं था, और वह एक अजीब हल्कापन अनुभव कर रही थी। उसका ध्यान अब दूसरी ओर चला गया था– सिंहवाहिनी देवी के मेले की ओर, और उसे यह देखकर खुद अचरज हुआ कि इस बार खून से भरे देवी के ओसारे का नहीं, बल्कि उस पंडाल का चित्र उसकी आंखों के सामने मूर्त हो उठा था जिसमें सजी सजाई पतुरियों का नाच हो रहा था। तबला, मंजीरा, सारंगी बज रही थी और...

तभी मोहिनी की आवाज ने उसे चौंका दिया। वह कह रही थी : "और तुम्हारा वह स्वामी...वह क्या किसी उल्लू से कम है..."

"जो हो," पतिया ने संभाला लेते हुए कहा–"तुम्हें वह बहुत प्यार करता था।"

"प्यार करता था?"

"हां, बहुत प्यार करता था," पतिया ने कहा : "आखिरी बार जब वह आया तो उसने मुझे एक फोटो दिखाया था।"

"किसका था वह फोटो?"

"सो तो पता नहीं। लेकिन हू ब हू तुमसे मिलता था जैसे खुद तुम्हीं हो।"

"सच?" मोहिनी ने उत्सुकता से पूछा।

"हां सच। लेकिन था वह किसी दूसरी स्त्री का। कहता था कि पति की मार सहते सहते वह तंग आ गई थी। मायके में उसके कोई रह ही नहीं गया था जो वहां जाकर जान बचाती। जब और कुछ नहीं सूझा तो कुएं में डूबने चली..."

"झूठ...एकदम झूठ?" एकाएक मोहिनी के मुंह से निकला।

"झूठ क्या?"

"हां, एकदम झूठ। वह मुझसे कभी नहीं मिल सकता।"

"क्या नहीं मिल सकता?"

"उस स्त्री का फोटो। तुम्हीं बताओ, मैं क्या कभी कुएं में डूबने चली थी? और मरना तो दूर, कौन मरदुवा है जो मेरे बदन को छू तक सके?"

सो तो पतिया जानती थी। रोज ही देखती थी। बाजार का कोठा आबाद करने के बाद भला कोई अपना दरवाजा कैसे बंद रख सकता है, और किसी को आने से कैसे रोक सकता है। सभी काट छांट और रंग रूप के लोग उनके यहां आते थे–जैसे यह उनकी खाला का घर हो। लेकिन मोहिनी भी उनमें से किसी को चाचा, किसी को ताऊ और किसी को भतीजा बनाकर वह खेल खिलाती थी कि बस। यहां ही क्यों, गांव में भी कुछ कम कौतुक नहीं करती थी। गांव के लड़के लंभाड़ों से लेकर ठाकुर तक को कैसा छकाया था उसने?

"तुम्हारी जगह अगर मैं होती," मोहिनी कह रही थी : "तो उसका गला घोंट देती।"

"किसका गला घोंट देती?" पतिया ने पूछा।

"स्वामी का–और किसका।" मोहिनी ने कहा–"और तुम–और तुम्हारे हाथ क्या कुछ कम मजबूत हैं? कितना काम करती हो तुम इन हाथों से। चाहो तो दुनिया को उलट पलट डालो।"

अनायास ही पतिया ने अपने हाथों की ओर देखा–उन हाथों की ओर जो इतना काम करते थे, और इतना काम करते हुए जिनके अस्तित्व और शक्ति सामर्थ्य से वह अपनापा नहीं कायम कर सकी थी, कभी इस भावना ने उसके हृदय में सिर नहीं उभारा था कि गर्व के साथ कह सके–ये मेरे हाथ हैं जो इतना काम करते हैं।

अपने होते हुए भी उसके हाथ जैसे उसके अपने नहीं थे–ऐसे हाथ जो गर्व के साथ काम करना ही नहीं, काम करने से इनकार करना भी जानते हों।

पतिया ने अपने इन हाथों पर नजर डाली। उसकी मुट्ठियां भिंची और भिंचती ही चली गई। काश कि उनकी पकड़ में उस समय कोई चीज होती। लेकिन सिंहवाहिनी देवी उनसे दूर थी, खेत में बोलने वाला उल्लू उनसे दूर था, और स्वामी...

"पता नहीं वह कहां है," पतिया ने कहा : "शायद ठाकुर के आदमी उसे पकड़कर ले गए।"

"पकड़ कर ले गए तो क्या हुआ," मोहिनी ने कहा–"होगा तो इसी दुनिया में। और यह तुम गांठ बांध लो, उससे भेंट होगी जरूर, वह बचकर जा नहीं सकता।"

परिशिष्ट

पतिया : देशज नारी विमर्श की प्रथम कृति

वीरेन्द्र यादव

हिंदी के शीर्षस्थ प्रगतिशील कवि केदारनाथ अग्रवाल के साहित्य का व्यापक मूल्यांकन करने के क्रम में उनके लघु उपन्यास 'पतिया' का लगभग अचर्चित व अलक्षित रह जाना वास्तव में विडम्बनात्मक ही है। विशेषकर तब और भी जब साहित्य और राजनीति दोनों में ही स्त्री विमर्श और हाशिए के समाज को केंद्रीयता प्राप्त हो। कम ही लोगों को यह जानकारी होगी कि 'पतिया' गत शताब्दी के चालीस के दशक के उन अंतिम वर्षों में लिखा गया था जब यशपाल, जैनेंद्र व अज्ञेय की शैल, सुनीता और रेखा सरीखी स्त्री पात्र 'नयी नारी' के रूप में अपनी आमद दर्ज करा रही थीं। हिंदी उपन्यास की नागर मध्यवर्गीय आधुनिकाओं के बरक्स 'पतिया' की स्त्रियां बुंदेलखंडी सामंती ग्राम समाज की जिस मेहनतकश स्त्री का आख्यान प्रस्तुत करती हैं, वह कई दृष्टियों से अभिनव और मौलिक है।

यहां यह तथ्य ध्यान देने योग्य है कि 'पतिया' की स्त्रियां पुरुष निर्भर न होकर स्वावलम्बी हैं, वे अपना ही नहीं अपने परिवार का भी भरण पोषण करती हैं। उपन्यास की पृष्ठभूमि पतिया की ससुराल के जिस गांव कमासिन पर केंद्रित है, वह केदारनाथ अग्रवाल का पैतृक गांव भी है। आजादी के पूर्व के इस गांव की सामाजिक संरचना से पतिया, उसकी मां और ननद मोहिनी की नियति अविच्छिन्न है : "कमासिन के जमींदार पुराने ढंग के हैं। उन्हें तो

बस अपना लगान चाहिए। गांव के ब्राह्मण ठाकुरों से उन्हें कोई खास मतलब नहीं। दूसरी जाति वालों पर उनका रौब है। अहीर चमार और नीच जाति के लोग उनके पांव चूमते हैं।'' पतिया और मोहिनी गांव की जिस सेवक जाति से सम्बद्ध हैं, उसके हिस्से में पानी भरने–कहारी–का पेशा है। लेकिन उस परिवार के पुरुष–पतिया का पति और ससुर–निठल्ले हैं। परिणामस्वरूप पतिया की मां को घर धूल में मिलने से बचाने के लिए देहलोलुप ठाकुर रामदीन का आश्रय लेने को विवश होना पड़ता है।

निम्न जाति और स्त्री होने का दुहरा अभिशाप झेलती 'पतिया' के नारी पात्रों के माध्यम से केदारनाथ अग्रवाल सामंती पुरुष सत्ता का जो क्रिटीक रचते हैं, वह अत्यंत जटिल व संश्लिष्ट है। प्रेमचंद, निराला, राहुल सांकृत्यायन, पांडेय बेचन शर्मा और बाद में नागार्जुन ने स्त्री प्रश्न को जो देशज परिप्रेक्ष्य प्रदान किया था, यह उसका विस्तार है। सम्भवत : यह पहला कथा वृत्तांत है जिसमें स्त्री यौनिकता और यौन मनोविज्ञान के प्रश्नों को देशज सामाजिक संदर्भ प्रदान किये गए हैं। यह वास्तव में ध्यान देने योग्य है कि स्त्री यौनिकता के जिस प्रश्न को आज भी देह विमर्श के नाम पर खारिज किया जाता है, वह 'पतिया' में छः दशक पूर्व अपनी समग्र जटिलता में प्रस्तुत हुआ है। उपन्यास की तीन प्रमुख स्त्री पात्रों पतिया, मोहिनी और मोहिनी की मां में से 'किसी एक को भी ऐसा मरद मानुस नहीं मिला था जिसे देखकर वे संतोष की सांस ले सकें।' लेकिन तीनों को देह के शोषक व सौदागर अवश्य मिले थे। वैकल्पिक यौनिकता में आश्रय तलाशती पतिया व मोहिनी का मर्द सत्ता से मुक्ति का यह देशज वृत्तांत स्त्री के आत्म सशक्तीकरण का भी एक जीवंत बयान है।

'पतिया' की स्त्रियां पुरुष की भोगलिप्सा में इच्छुक सहभागी बनकर स्वयं को 'लिबरेट' करने के बजाय पुरुष सत्ता को प्रश्नांकित करती हैं। मोहिनी की मां अपने निठल्ले और स्त्रैण पति को धिक्कारती है कि ''लाज शरम तो उसमें बिल्कुल नहीं रह गई थी। उसकी आंखों के सामने ही मैं ठाकुर रामदीन के यहां जाती थी और वह आंखों पर ठीकरे रखे देखता रहता था।'' लेकिन बेटी मोहिनी को मां का यह बेबस समर्पण गवारा नहीं, वह मां को उलाहना देती है कि ''मां, इसमें कुछ दोष तुम्हारा भी है। तुमने अपने हाथों ही अपना नाश किया है। आंखें बंदकर तुमने ठाकुर रामदीन का साथ

दिया। जब तक रंग रूप रहा, वह तुम्हारे साथ खेलता रहा। अब आंख दिखाता है। तुम्हारी जगह यदि वह मेरे पल्ले पड़ा होता तो मैं ऐसा नाच नचाती कि पुरखे तक तर जाते।'' और मोहिनी यही करती है। ठाकुर रामदीन के प्रति मोहिनी का यह आक्रोश अकारण नहीं था। ठाकुर साहब ने तीन ब्याह किये और तीनों से यौन सुख प्राप्त करने के बाद जहर देकर मार डाला। मोहिनी की मां का दैहिक शोषण करने के बाद अब उनकी कुदृष्टि मोहिनी पर थी। मां के बरक्स बेटी के इन प्रतिरोधी तेवरों का विमर्श रचते हुए केदारनाथ अग्रवाल श्रम से विलगाव का भी दर्शन प्रस्तुत करते हैं। मोहिनी अपनी ससुराल से भाग आई थी क्योंकि श्रम के कोल्हू में निःशेष होना उसे गंवारा नहीं था। बदन की भरी पूरी मोहिनी को जहां अपने रूप यौवन का अहसास था, वहीं स्त्री श्रम की निरर्थकता का बोध भी। मर्दों की दुनिया में वह मर्दों की कमजोरी को ही अपनी शक्ति बनाना चाहती थी। तभी तो वह पतिया से कहती है : ''चौका बासन करके तुम इतना भी न पा सकोगी कि मैं दो चार बार इधर से उधर आंखें मटकाकर...।'' पुरुष लम्पटता और भोग वासना का शिकार बनने तथा निठल्ले पिता, भाई, पति की बेउजरत की चाकरी करने के बजाय मोहिनी का यकीन ऐसे हाथों पर था, ''जो गर्व के साथ काम करना ही नहीं, काम करने से इंकार करना भी जानते हों।''

सचमुच यह केदारनाथ अग्रवाल की कथा दृष्टि की परिपक्वता है कि वह मोहिनी को पुरुषवादी सोच की उस गिरफ्त से मुक्त करते हैं, जो स्त्री को पतिव्रता या कुलटा के खांचों में सीमित करती है। मोहिनी का पतिया को यह अहसास कराना कि, 'ये मेरे हाथ हैं जो इतना काम करते हैं' नारी की उस नयी चेतना का परिचायक है, जो स्त्री श्रम शक्ति पर टिकी है। दरअसल इस उपन्यास में मोहिनी और पतिया अलग अलग दो पात्र न होकर एक ऐसे युग्म की रचना करती हैं जो स्त्री की पारम्परिक और परिवर्तनकारी छवि को पूर्णता प्रदान करती है। उपन्यास के अंत में पतिया का व्यक्तित्वांतरण और मोहिनी की संकल्पबद्धता उस नयी नारी की आमद दर्ज करता है, जो अपने अस्तित्व की कीमत पर मर्द सत्ता के कटघरों में कैद नहीं रहना चाहती चाहे वे पति व भाई के बनाये हुए ही क्यों न हों!

'पतिया' का यह कथा वृत्तांत इसलिए भी उल्लेखनीय है कि आज भी

स्त्री बहनापे के जिस अंतरंग संसार को 'लेस्बियन' (समलिंगी) करार देकर मर्द सत्ता द्वारा खारिज किया जाता है, उसे केदारनाथ अग्रवाल ने बीसवीं शताब्दी के पूर्वार्द्ध में अपनी रचनात्मकता का विषय बनाया। और यह भी कि इसके केंद्र में इस्मत चुगताई के 'लिहाफ' की सुखासीन नारियां न होकर श्रमशील समाज की वे स्त्रियां हैं, जो अक्सर दैहिक शोषण का शिकार तो होती हैं, लेकिन देह सुख से प्राय : वंचित ही रहती हैं। 'पतिया' के कथा वृत्तांत में मोहिनी और पतिया के बीच के इस 'खेल' के वस्तुपरक सह सम्बंध (आब्जेक्टिव कोरिलेटिव) मौजूद हैं। एक तो यही कि दोनों के जीवन में कोई ऐसा 'मरद मानुस' नहीं मिला था, जिसे देखकर वे संतोष की सांस ले सकें। दूसरा यह कि पतिया दूसरी मिट्टी की बनी थी, वह न शरीर की भरी पूरी थी, न ही सिंगार पटार की शौकीन। बचपन से ही उसकी देह के अधखिलेपन को लेकर मां की अतिरिक्त सजगता ने उसे अपनी देह के प्रति खिन्न मन कर दिया था। मां पतिया को भावी पति के लिए उसी तरह तैयार करना चाहती थी जैसे कुर्बानी के लिए बकरा। बचपन में ब्याही पतिया की देह के प्रति यह विरक्ति गौने की रात तब मुकम्मल हो गई, जब "पतिया को ऐसा लगा कि उसकी मां की आत्मा ही स्वामी के शरीर में प्रवेश कर उसे नंगा नाच नचाने पर उतर आई हो।..." यहां विडम्बना यह भी थी कि पतिया का पति स्वयं ऐसा स्त्रैण पुरुष था, 'जिसे परमात्मा ने मानो लड़की बनाते बनाते लड़का बना दिया।' बचपन में वह लड़कियों की ही तरह बनना संवरना चाहता था, लेकिन बड़े होने पर स्त्रियों से मिली उपेक्षा के कारण उसे बनी ठनी स्त्रियों से इतनी वितृष्णा हो गई थी कि बस चलता तो वह उनको विवस्त्र ही कर देता। अंततः उसकी इस मनोग्रंथि की परिणति स्त्री बेचने के धंधे में हुई। स्त्री विरोध पर टिकी उभयलिंगी पुरुष की मनोदशा किस प्रकार पत्नी और बहन को भी माल मवेशी में तब्दील कर देती है, 'पतिया' इसका रचनात्मक साक्ष्य है।

उपरोक्त स्थितियों के चलते मोहिनी और पतिया की अंतरंगता स्वाभाविक ही थी। "पतिया की वे सब बातें मोहिनी को अच्छी लगती थीं जो कि पतिया की मां के हृदय में खटकती रहती थीं।" मोहिनी की देह चेतना और पतिया के देह दंश के बीच केदारनाथ अग्रवाल यौन मनोविज्ञान का जो विमर्श रचते हैं, वह सम्भवत : हिंदी में पहली बार है। गांव के मेले

में पतिया द्वारा खरीदे गए खिलौनों का वह प्रसंग जिसमें वह मर्द मूरत को धुआंखानी में धुआंने के लिए छोड़कर चरखा कातती औरत को आले में सजाती है या कि सिंहवासिनी देवी के मेले में अपनी मांग का न भरना, न राम सीता के खिलौने की जोड़ी के प्रति आकृष्ट होना, कुछ ऐसे प्रसंग हैं जो उपन्यासकार के स्त्री मनोविज्ञान में गहरी पैठ के परिचायक हैं।

'पतिया' का महत्व इस तथ्य में भी अंतर्निहित है कि यह पुरुष द्वारा लिखे जाने के बावजूद स्त्री दृष्टि का पहला मुकम्मल उपन्यास है। और यह भी कि यह स्वतंत्रता पूर्व के उन वर्षों में लिखा गया था, जब नारीवादी लेखन की हिंदी में ही नहीं, बल्कि अन्य भाषाओं में भी कोई परम्परा मौजूद नहीं थी। आज जब नारीवादी साहित्यिक लेखन समूची दुनिया में बहस मुबाहिसों की नयी राहें तलाश रहा है और साहित्य की नयी सैद्धांतिकी गढ़ रहा है, 'पतिया' का नये संदर्भों में पुनर्पाठ इस कृति की पुनर्खोज सरीखा है। इस दौर में जरूरत है 'पतिया' के पाठ (टेक्स्ट) को अद्यतन संदर्भ प्रदान करने और इसके अंतर्निहित मंतव्यों को उद्‌घाटित करने की। कोई आश्चर्य नहीं यदि इस दौर में केदारनाथ अग्रवाल के इस उपन्यास को नारीवादी लेखन की पूर्व पीठिका ही नहीं, बल्कि प्रथम रचना भी माना जाये।...

●●●